世界银行贷款项目管理丛书

世界银行贷款项目
环境管理精解

王 蔚 何 勇 潘良君 等编著

东南大学出版社
SOUTHEAST UNIVERSITY PRESS
·南京·

图书在版编目(CIP)数据

世界银行贷款项目环境管理精解 / 王蔚等编著.
—南京:东南大学出版社,2017.5
(世界银行贷款项目管理丛书 / 朱海生主编)
ISBN 978-7-5641-7116-2

Ⅰ.①世… Ⅱ.①王… Ⅲ.①世界银行贷款—贷款项目—项目管理 Ⅳ.①F831.6

中国版本图书馆 CIP 数据核字(2017)第 076303 号

世界银行贷款项目环境管理精解

出版发行	东南大学出版社
出 版 人	江建中
社　　址	南京市四牌楼 2 号(邮编:210096)
网　　址	http://www.seupress.com
责任编辑	孙松茜(E-mail:ssq19972002@aliyun.com)
经　　销	全国各地新华书店
印　　刷	江苏凤凰扬州鑫华印刷有限公司
开　　本	787mm×1092mm　1/16
印　　张	10
字　　数	256 千字
版　　次	2017 年 5 月第 1 版
印　　次	2017 年 5 月第 1 次印刷
书　　号	ISBN 978-7-5641-7116-2
定　　价	118.00 元

(本社图书若有印装质量问题,请直接与营销部联系。电话:025-83791830)

世界银行贷款项目管理丛书编委会名单

编委会名单

主 任：朱海生

副主任：何 勇　潘良君　郜书明　胡银生
　　　　王海涛　王 蔚

委 员：朱海生　何 勇　潘良君　郜书明
　　　　胡银生　王海涛　王 蔚　林宗成
　　　　杨大伟　刘 斌　刘建望　李绍君
　　　　袁金木　董晓军　朱小飞　张永生
　　　　王堪甲　邵群梅

序 Preface

改革开放以来,江苏水利工程建设在立足自身发展的同时,不断加大开放发展力度,先后引进水利工程建设项目法人制、招标投标制、建设监理制和合同管理制等国际先进的管理理念,利用日本海外协力基金建设通榆河中段工程等。这些交流合作在解决我省水利工程建设资金缺口的同时,不断拓展自身发展空间,显著提升了水利重点工程建设管理水平。

世界银行贷款淮河流域重点平原洼地治理项目是我省近年来采用世界银行贷款资金建设的水利工程,该工程效益显著、管理规范。2016年11月,在国家财政部联合世界银行、亚洲开发银行、德国国际合作机构、美国国际开发署等机构在重庆举办的"第四届全球交付倡议(GDI)大会"上,江苏省世行贷款淮河流域重点平原洼地治理项目管理办公室编写的《江苏省世行贷款淮河流域重点平原洼地治理项目交付科学案例报告》,被世界银行正式选入全球案例图书馆,成为中国首批入选的9个项目案例之一;同时,该项目入选近十年来中国10个世界银行安保政策实施最佳案例之一。为全面总结我省世界银行项目的成功经验,江苏省世行贷款淮河流域重点平原洼地治理项目办将多年的实践工作与相关理论相结合,经过系统整理撰写,编著成册,形成了系列丛书——世界银行贷款项目管理丛书。本丛书共分三册,分别为《世界银行贷款项目管理实务精解》《世界银行贷款项目社会评价精解》和《世界银行贷款项目环境管理精解》。

世界银行作为一个国际开发援助机构,贷款条件相对优惠,但是与国内基建程序相比,世界银行贷款项目在环境、移民、采购、提款报账等方面有着一整套规章制度和保障政策需要遵循。本丛书系统地介绍了世界银行贷款项目管理的基本知识、实践经验和操作技巧,着重论述世界银行贷款项目周期内各阶段的工作、世界银行的环境与安全政策等，以利于相关读者熟悉并掌握世界银行贷款项目管理程序和工作重点，融会贯通并且灵活运用其政策要求，进而不但可以少走弯路，加快项目开发进程，而且还可以充分利用其政策的自由度，为建设项目争取更多的优惠条件。

十八届五中全会提出了"创新、协调、绿色、开放、共享"的五大发展理念，其中开放理念是我省水利工程建设发展不断取得新成就的重要法宝。他山之石，可以攻玉。在当前水利工程建设蓬勃发展之际，加大对外开放力度，合理利用外资，不但可以弥补国内建设资金不足，从整体上加快水利建设进度；而且通过引进先进的技术和管理经验，还可以促进水利工程建设领域体制机制创新，不断提升水利工程建设管理整体水平。希望本丛书的出版，对更多利用世界银行贷款建设的水利项目熟悉世界银行操作规则、掌握世界银行工作流程、提升建设管理水平有所裨益！

2017 年 3 月

目 录
Contents

第 1 章 概述 ··· 1

    1.1 世界银行简介 ··· 1

    1.2 世界银行的贷款项目 ··· 2

    1.3 世界银行环境政策发展历程概述 ······································· 3

    1.4 世界银行贷款环境管理的特点 ··· 4

    1.5 世界银行环境安全保障政策与我国环境管理政策的对比 ············ 6

第 2 章 世界银行贷款项目周期及环境管理 ································ 9

    2.1 世界银行贷款项目周期 ··· 9

    2.2 项目周期各阶段的环境管理 ·· 11

第 3 章 世界银行安全保障政策 ··· 21

    3.1 安全保障政策概述 ·· 21

    3.2 OP4.01 环境评价 ··· 22

    3.3 OP4.04 自然栖息地 ·· 30

    3.4 OP4.09 病虫害管理 ·· 33

    3.5 OP4.11 物质文化资源 ·· 36

    3.6 OP4.36 林业 ··· 41

    3.7 OP4.37 大坝安全 ··· 45

    3.8 OP7.50 国际水道 ··· 50

    3.9 OP7.60 有争议地区 ·· 51

第 4 章 世界银行环境与社会框架 ·· 52

    4.1 环境与社会框架概述 ··· 52

4.2　ESS1 环境和社会风险与影响的评估和管理 …………………………… 54
4.3　ESS2 劳工和工作环境 …………………………………………………… 59
4.4　ESS3 资源效益及污染防治与管理 ……………………………………… 64
4.5　ESS4 社区健康与安全 …………………………………………………… 68
4.6　ESS6 生物多样性保护和自然资源的可持续管理 ……………………… 72
4.7　ESS8 文化遗产 …………………………………………………………… 80
4.8　ESS9 金融中间机构 ……………………………………………………… 85
4.9　ESS10 利益相关者的参与和信息公开 …………………………………… 88

第 5 章　世界银行环境、健康与安全导则 …………………………………… 92

5.1　世界银行环境健康及安全导则介绍 ……………………………………… 92
5.2　环境、健康及安全导则与国内体系的区别与联系 ……………………… 95
5.3　环境、健康及安全导则的应用案例 ……………………………………… 95

第 6 章　环境影响评价报告 …………………………………………………… 100

6.1　环境影响评价报告文件的总体要求 ……………………………………… 100
6.2　项目环评报告的编写 ……………………………………………………… 100
6.3　国内项目环评报告和世行贷款项目环评报告的区别 …………………… 102
6.4　项目实例 …………………………………………………………………… 102

第 7 章　环境管理计划 ………………………………………………………… 109

7.1　环境管理计划 ……………………………………………………………… 109
7.2　环境管理计划应包括的基本内容 ………………………………………… 109
7.3　项目实例 …………………………………………………………………… 111

第 8 章　环境管理计划的执行 ………………………………………………… 120

8.1　环境管理计划的执行 ……………………………………………………… 120
8.2　环境管理计划实施外部监测 ……………………………………………… 120
8.3　环境管理计划执行报告 …………………………………………………… 128
8.4　项目实例 …………………………………………………………………… 129

附件　世界银行环境管理完整案例 ·· 131

　　F.1　项目背景 ·· 131

　　F.2　项目目标 ·· 131

　　F.3　项目描述 ·· 131

　　F.4　项目收益 ·· 133

　　F.5　项目的实施情况和实施机构 ·· 134

　　F.6　项目的环境和社会影响评价和实践 ·· 135

　　F.7　项目亮点 ·· 136

　　F.8　经验教训 ·· 144

　　F.9　文献 ·· 145

参考文献 ·· 147

后记 ·· 148

第1章 概 述

1.1 世界银行简介

世界银行是面向全世界发展中国家提供资金和技术援助的一个重要机构,是在1944年根据美国布雷顿森林会议通过的《国际复兴开发银行协议》成立的。世界银行不是一个常规意义上的银行,而是一个以减少贫困和支持发展为使命的独特的合作伙伴机构。它由国际复兴开发银行(International Bank for Reconstruction and Development,IBRD)和国际开发协会(International Development Association,IDA)两个机构组成。IBRD致力于在中等收入国家和信誉良好的较贫困国家减少贫困,而IDA则侧重于援助世界上最贫困的国家。另外加上国际金融公司(International Finance Corporation,IFC)、多边投资担保机构(Multilateral Investment Guarantee Agency,MIGA)和国际投资争端解决中心(International Centre for Settlement of Investment Disputes,ICSID)共同组成世界银行集团(World Bank Group)。这五个机构分别侧重于不同的发展领域,但都运用各自的优势,共同实现促进经济发展和减缓贫困的集团目标。

世界银行的资金来源于成员国缴纳的股金、它向国际金融市场的借款以及发行的债券和收取的贷款利息。目前,世界银行有188个成员国,它们组成理事会并拥有世界银行的主权。一个由24个成员组成的董事会具体领导世界银行,每个董事代表一个国家(重要的捐助国)或一组国家,董事由该国或国家群任命。每个成员国的表决权分两个部分:第一个部分是所有成员国相同的,第二个部分按每个成员国缴纳的股份不同而异,因此成员国的表决权按其所占股份的比例会有所不同。2010年世界银行发展委员会春季会议通过了发达国家向发展中国家转移投票权的改革方案,这次改革使中国在世界银行的投票权从2.77%提高到4.42%,成为世界银行第三大股东国,仅次于美国(占17.37%)和日本(占7.9%)。

2013年,世界银行设立了更为具体的但仍雄心勃勃的两大目标:(1)促使各国和国际社会共同努力,在一代人时间内终结极度贫困,其目标是到2030年将处于日均1.25美元贫困线下的贫困人口比例降低到3%以下;(2)促进"共享繁荣",即社会中较贫困阶层的福祉实现可持续增长,目标是促进各国处于底层的40%人口的收入增长。

1.2 世界银行的贷款项目

世界银行是全球范围内最重要的国际金融组织之一,国际金融组织分为全球性金融组织和区域性金融组织两类。全球性国际金融组织主要有国际货币基金组织(IMF)、世界银行(WB)、国际农业发展基金(IFAD)等;区域性国际金融组织主要有亚洲开发银行(ADB)、亚洲基础设施投资银行(AIIB)、泛美开发银行(IDB)、非洲开发银行(AFDB)、阿拉伯货币基金组织(AMF)、欧洲复兴开发银行(EBRD)等。按照2015年的统计数据,在中国从国际金融组织的所有贷款中,世界银行贷款占67%,亚行贷款占31%,其余的2%,世界银行因此在国际金融组织对中国的贷款投资中占主体地位。

世界银行对贷款方式有多种分类,诸如:(1)特定投资贷款;(2)部门贷款;(3)结构调整贷款;(4)技术援助贷款;(5)紧急复兴贷款;(6)发展政策贷款;(7)结果导向型贷款。其中,"特定投资贷款"的全部和"部门贷款"的一部分属项目贷款,余者基本上属非项目贷款。项目贷款期限为20~30年左右,宽限期5~10年。

从贷款性质上看,世行的贷款总共有三种:投资贷款(IPF)、结果导向型贷款和发展政策贷款(DPL)。投资贷款资助众多部门经济与社会发展项目建设所需的货物设备、土建工程和咨询服务,其执行期一般为5~10年。这是世界银行资助的主流贷款模式。发展政策贷款通过向借款国提供非指定用途的一般性预算支持和快速支付型外部资金,促进政策与制度改革,其执行期一般为1~3年。发展政策贷款原先旨在为贸易政策和农业改革等宏观经济政策改革提供支持。近年来世界银行又开发出结果导向型的贷款模式(PforR),其主要特点是注重结果导向,每个项目有清晰完整的结果指标体系。这类贷款仅限于中低风险项目,依赖于借款国的环境和社会体系对项目的环境和社会影响进行管理。

经历60多年的发展,世界银行的运行机制也在不断顺应时代发展的要求而进行不断更新和发展。当前,世界银行正在推进旨在增强包容性、促进创新、提高效率、增强效果和促进问责的多项改革,并加大同联合国、国际货币基金组织、其他多边发展银行、捐赠方、公民社会及基金会的合作力度。同时,为了能反映21世纪国际经济发展实际情况、承认更多利益攸关方的作用和责任、赋予发展中国家更大话语权,世界银行还要进一步深化改革。所有这些改革旨在提高服务质量、促进成员国社会经济发展,同时也为创新成员国与世界银行的合作模式开辟新的途径。

对于世界银行来说,中国是其最好的合作伙伴之一。截至2014年6月30日,世界银行累计对华贷款(国际复兴开发银行和国际开发协会贷款总和)约为540亿美元,贷款项目376个。项目主要集中在环境、交通、城市发展、农村发展、能源、水资源管理和人类发展等领域。至 2015 年中国的世行贷款在建项目有 112 个,涉及贷款投资 130 亿美元;其中 2015 年度批准的项目 18 个,贷款投资 18.56 亿美元。总的来讲,中国在利用世界银行贷款促进经济社会发展方面做得相当成功,而中国的经济社会发展又推动了世界银行所倡导的全球减贫和共享繁荣。

1.3 世界银行环境政策发展历程概述

世行贷款项目环境政策的发展也是一个自身演变的过程。世行对环境问题的关注由来已久,而系统制定项目环境评价政策,可追溯到 20 世纪 70 年代。1975 年,世行发布了非强制性的"项目环境发展的指导方针"(Guidelines on Environmental Developments of Projects),但在世行的业务活动中,环境问题并未受到重视。1984 年,世行在其"业务手册"(Operational Manual Statement)中规定了它在环保方面的政策(OMS2.36),后于 1989 年世行采用了操作指南(OD)4.00"附录 A:环境评价",环境评价成为世行资助投资项目的标准程序。OD4.00 把实施和完成环境影响评价作为其批准贷款的先决条件,制定了有关环境评价的政策和项目环境审查程序和步骤,使世行成为建立有关环境评价方面有约束力的政策的第一个多边国际金融机构。1991 年世行又对其进行修改,并重新颁布 OD4.01"环境评价工作指令"。1999 年,"业务指令"对环境评估的规定经过修改并入了 OP/BP4.01。目前 OP、BP 和 GP4.01 三者可取代 OMS2.36《世行工作的环境观》、OD4.00 的附件 A《环境评价》、OD4.00 的附件 B《有关坝库项目的环境政策》、OD4.01《环境评价》和相应的操作备忘录《环境评价——员工在处理借款方面受影响群体和相关当地非政府组织磋商时的指导原则》(4/10/90)、《环境评价——员工向执行董事公布环境评价时的指导原则》(11/21/90)以及《向执行董事公布环境评价》(2/20/91)。OP、BP 和 GP4.01 是世行员工在日常管理工作中,必须遵守的业务政策和工作程序,对世行员工具有约束力。环境政策从操作指南(OD)到业务政策(OP)的变化过程,也反映了环境政策在世行贷款项目准备和实施过程中的重要性逐渐加强。

随着世界银行对安全保障政策改革的逐步推荐,一些新的安保政策也将逐步出台用来替代 OP 系列安保政策。其中 2016 年 8 月 4 日,世界银行颁布了《环境和社会框架》(Environmental and Social Framework),这一框架性政策文件进一步阐述了世界银行的愿景,以及为实现此愿景而制定的世界银行必须遵守的原则与规定、借款方在项目准备和实施过程中必须遵循的标准等等。

1.4 世界银行贷款环境管理的特点

1.4.1 坚持预防为主、防治结合的环境保护原则

工业发达国家在其经济发展过程中,曾经经历了一条"先污染、后治理"的阶段,最终为此付出了沉重的代价。世界银行以此为鉴,并且针对许多发展中国家仍在走"先污染、后治理"老路的现状,充分强调"预防为主、防治结合"的环境保护原则。世行在其业务政策 OP4.01 环境评价中规定,所有申请世行援助的项目都必须首先进行环境影响评价,充分考察该项目对环境可能造成的影响,并且在环境影响评价中,明确对不良影响所采取的预防、减轻或补偿措施。

1.4.2 强调经济手段与政策手段相结合的方法

世界银行认识到对于发展中国家的环境保护,如果只重视对具体项目进行经济投资,而不考虑发展中国家在环保方面管理能力不足、法律法规薄弱、机构不健全等因素,环境保护不可能取得预期的效果。因此,世界银行在进行传统项目融资的同时,还注重帮助发展中借款国进行能力建设、政策改革、人员培训,力图从根本上和整体上提高发展中国家的环境保护水平。

1.4.3 环境安全保障政策的制定与实施体现世行宗旨

世界银行成立的初衷是为了减贫、促进发展,而非促进环境保护。但是,世界银行在促进发展的进程中不可避免地遭遇了环境问题,在此过程中,逐步认识到环境保护问题不是一个附加问题,而是与经济的发展、贫困的消除密切相关连的,环境的破坏与恶化是发展停滞和贫困加剧的重要原因。要从根本上摆脱贫困、发展经济,就必须保护环境。为此,世界银行采取了以促进发展、消除贫困为目的的"以人为本"的环境保护政策。从 1992 年起,世界银行不再把对单独的环境项目的投资作为执行自己环境保护政策的主要方式,而是将对环境保护的投资融合到具体的部门项目之中,如农业、能源、城市发展、卫生等项目。

1.4.4 强调环境保护的国际合作

为了加强环境保护工作,世界银行与其他发展机构、非政府组织和社区组织密切合作,以更好地利用他们的知识和经验。世界银行与世界自然保护联盟(IUCN)、联合国环境规划署(UNEP)、世界卫生组织(WHO)、联合国开发计划署(UNDP)及许多

其他国际组织互相配合,建立了密切的合作关系。世界银行还是全球环境基金(GEF)和蒙特利尔议定书多边基金(MPMF)的执行机构。世界银行将这些国际环保组织提供的赠款,作为其贷款项目的补充,为借款国的环境保护提供资金、政策、技术、知识支持。

1.4.5 强调全过程的环境管理

世界银行要求环境评价应尽早介入,强调在整个项目周期内进行环境管理。在项目的初始开发阶段(相当于中国的项目建议书阶段),就要求环境专家开始参与项目内容的设计,对项目的内容进行筛选和强化。在项目的设计阶段、施工期、运营期,世界银行都要对环境方面进行考虑,并且在项目开始实施后,世界银行要跟踪监测项目的环境影响及环境保护措施的落实情况。世界银行尤其强调项目实施过程中环境保护措施的实施,根据项目环境评价过程中的相关环境文件(写入贷款协议,通常包括实施的减缓措施、实施进度、预算、实施职责、监管和监测等)的要求,世界银行定期对项目进行检查,以确保那些环境管理措施都在项目实施过程中予以落实并达到了预期的效果。在项目实施过程中,这些环境文件若有任何修改,需事先获得世行批准,任何变更只能是有利于更好实现项目发展目标、有利于减缓负面环境影响。

1.4.6 重视信息公开与公众咨询

世行贷款项目中的信息公开政策,体现其项目准备与实施管理的方方面面,无论是其10项安全保障政策,还是其贷款招标采购、支付、贷款工具、提款等各方面的政策,均在世行网站上供社会公众查阅。此外,项目前期准备的环境影响评价报告、《环境与社会管理计划》,以及世行的项目概念性文件(PCN)、项目评估报告文件(PAD)、《贷款协定》《项目协定》等文件,均在世界银行网站上公开。关于项目的环评报告,需在拟建项目提交世行执董会谈判前180天,放在世界银行网站上公示,征求社会公众意见,否则不能开始世行贷款项目谈判程序。

世行的信息公开和咨询主要目的是加强项目的决策;通过各有关方面的参与,对主要的环境问题进行筛选和审查,并将意见反馈到项目的设计中,并确保在项目的审批过程中对这些问题给予充分的考虑。比如对于"物质文化资源"和"林业",其信息公开和公众咨询都作为环评的一部分。世行贷款项目社会公众咨询的重点,是与受项目影响的社会人群和当地的非政府组织(NGO)进行协商。对于那些利益相关者,要向他们公开必要的项目材料及环境方面的文件,项目要充分考虑他们的诉求并保护他们的利益,确保咨询能反映他们的真实意见和想法,以便对其意见和想法在项目决策过程中得到适当的考虑。

1.4.7　考虑借款国的情况

世界银行环境安保政策首先确保项目符合借款国的政策、法律法规和承担的国际义务和协议。OP4.01环境评价是世行贷款项目环境安全保障的纲领性政策,对于所采用的标准和技术,世行推荐采用其"污染治理及防控手册"和"环境、健康及安全导则"中建议的标准和技术。现在世行逐渐更多地依赖借款国的法律法规。但是会对借款国的法律法规体系的充分性和与世行政策标准的匹配性进行比较。考虑到借款国的条件,环评会建议替代性的标准和技术,但是需要在环评中进行充分的经济论证,证明较高的标准或要求不会损害项目的经济性。

1.4.8　关注健康与安全

世界银行要求在考虑项目的环境影响时,同时考虑项目带来的健康和安全方面的危害和相关的风险,包括在选址过程、设计过程、运行过程等过程中考虑职业及公众的健康和安全。为此,世界银行制定了环境、健康和安全指南(EHSGs)。在世行项目环境管理的过程中,项目必须考虑世界银行环境、健康和安全指南(EHSGs)的总导则及相关的行业导则。世行特别关注劳工问题,包括劳工的工作和生活条件,童工、妇女、残疾人等弱势群体的工作机会等问题,目的是促进公众平等分享经济发展的成果。

1.5　世界银行环境安全保障政策与我国环境管理政策的对比

与我国环境管理政策相比,世行环境安全保障政策涵盖的范围更广:国内环评仅针对环境方面提出要求;而世行环境安全保障政策则涵盖了环境、社会、健康、安全、跨境及全球性问题等方面的要求。通过环境影响筛选、备选方案分析、潜在影响消减措施、环境管理计划等步骤的有机紧密结合,世行的环评能够实现避免、最小化、消减或补偿环境影响的这一环境管理的原则。在建设项目环境管理时段方面,世行坚持全过程管理的思想与基本原则,世行要求实施具体的《环境社会管理计划》,实现建设期和运营期全过程的环境管理;国内一般在环评报告批复和环保设施竣工验收时监管。世行项目和国内项目的环境评价均有帮助项目决策的作用,世行的环评同时改善项目的设计,它要求采用综合的方法进行环评(见OP4.01环境评价)。世行对咨询单位和人员是否有环评资质没有要求,重点强调经验;国内要求环评咨询单位必须有国家发布的环评资质证书,环评报告中的项目负责人必须有环评工程师证书。世行项目与国内项目环境评价文件的审查方法不同,二者都有审查和批准程序,但国内一般组织专家对环评报告审查一次,比较注重最后结果;世行项目更加强调互动,在整个项目准备周期内审查、修改、反馈,直到完全符合世行政策要求。在项目环评阶段的公众咨询方面,世行政策和国内政策对次数和方法的要求有异,世行更加强调对受项目影响人群意见的考虑及反馈。

表1-1列出了世行环境安全保障政策与我国环境管理政策的异同。

表1-1 世行环境安全保障政策与我国建设项目环境管理政策对比表

内容	世行环境安全保障政策	我国环境管理政策	异同点
环境涵盖的范围	涵盖了环境、社会、健康、安全、跨境及全球性问题等方面的要求	仅针对环境方面提出要求	世行的环境涵盖的内容远远超过了国内的环评范围,比如世行更突出了社会、健康和安全方面的要求,对应于我国国内的范围,它涉及了环保、安全生产、卫生、劳动保护等多方面的问题和管理机构
建设项目环境管理时段	坚持全过程管理的思想与基本原则	坚持建设项目环境污染治理设施与主体工程同时设计、同时施工、同时投产的"三同时"制度	国内一般在环评报告批复和环保设施竣工验收时监管 世行要求实施具体的《环境社会管理计划》,实现建设期和运营期全过程的环境管理
环评报告递交的时段	项目准备团期间,审查环评报告初稿;项目预评估团前,审查修改稿;项目正式评估团前,递交独立的安全保障政策委员会的审查	可研报告审查后,环评报告书报批稿完成后	不完全相同 国内递交一次报审稿、一次报批稿;世行一般至少递交2次,准备团一次,评估团一次,但是一般会在评估团前有一次预评估团,若评估团审查时仍有需进一步修改完善的内容,评估团后还需递交一稿,一般是递交3~5稿
环评的作用	在项目准备阶段,环评文件通过独立的安全保障政策委员会的审查是世行管理层批准派出正式评估团的前提条件	在项目决策阶段,环评批复文件是可研批复的前置条件	均有帮助项目决策的作用,世行的环评同时改善项目的设计,它要求采用综合的方法进行环评(见OP4.01环境评价)

续表 1-1

内容	世行环境安全保障政策	我国环境管理政策	异同点
环评的审查	世行环境官员会根据项目鉴别阶段识别出的环境问题以及项目准备团期间对环评报告初稿提出的审查意见，检查环评文件中的技术问题是否满足要求、信息公开与充分的公众参与是否实施，项目环评文件通过环境官员的审查后，提交独立的安全保障政策委员会审查	国家政策，环评单位根据专家审查意见修改后报有审批权的环保部门批复	不同，都有审查和批准程序，但方法不同，国家政策，一般组织专家对环评报告审查一次，比较注重最后结果，缺少互动环节；世行，在整个项目准备周期内审查、修改、反馈，直到完全符合世行政策要求
资质和人员要求	对咨询单位和人员是否有环评资质没有要求，重点强调经验	国内要求环评咨询单位必须有国家发布的环评资质证书，环评报告中的项目负责人必须有环评工程师证书	不同，世行更要求经验
公众协商和信息发布	关注受影响的人群和当地的非政府组织（NGO），A 类项目公参做至少二次，一次在环评大纲（TOR）批准前，另一次在环评报告初稿完成后，正式评估前	国内环评报告书一般公参做二次，第一次在委托书签订七日内，第二次在环保主管部门审批前公示	原则一样，但对次数和方法的要求有异，世行更加强调对受项目影响人群意见的考虑及反馈

第 2 章　世界银行贷款项目周期及环境管理

2.1　世界银行贷款项目周期

(1) 项目鉴别(Pre-identification & Identification)

(2) 项目准备(Preparation Mission)

①准备(Preparation)

②中期审查(Quality Enhancement Review,QER)

③预评估(Pre-appraisal)

④评估(Appraisal)

(3) 项目谈判(Negotiation)

(4) 执董会审批(Boarding)

(5) 项目实施(Implementation)

①技术支持和监督团(Technical Support & Supervisors)

②中期调整(Mid-term Review)

③实施完工报告(ICR)

(6) 项目后评估(Post Appraisal)

项目准备的标准周期一般是 12~18 个月,而地方政府为申请列入贷款规划,可能已经准备了 1~2 年的时间,因此一旦正式启动世行准备程序,地方政府往往希望尽快能完成前期工作并计入项目实施,发挥项目效益。各个项目周期的主要工作内容概述如下:

2.1.1　项目鉴别

作为项目周期的第一阶段,项目的选定至关重要,能否从借款国众多的项目中选出可行的项目,直接关系到世界银行贷款业务的成败,因此,世界银行对项目的选定工作历来非常重视。世界银行对项目的选定主要采取几种方式:(1) 与借款国开展各个方面的经济调研工作;(2) 制定贷款原则,明确贷款方向;(3) 与借款国商讨贷款计划;(4) 派出项目鉴定团。该阶段要识别出能够支持各战略实施、满足财务、经济、社会和环境要求的项目,也要对发展战略进行分析。

2.1.2　项目准备

在项目准备阶段,世界银行会派出由各方面专家组成的代表团,与借款国一起正式开展对项目利用贷款的准备工作,为下一阶段的可行性分析和评估打下基础。项目准备工作一般由借款国承担直接和主要责任。

项目评估基本上是由世界银行自己来完成的。世界银行评估的内容主要有五个方面,即技术、经济、财务、机构、社会和环境。

世界银行提供政策与项目咨询建议以及资金援助。借款国开展研究并编制最终项目文件。世界银行从经济、技术、机构、财务、环境和社会等各方面对项目进行评估,编制项目评估文件及法律文件草案。

2.1.3　项目谈判

项目谈判一般先由世界银行和借款国双方商定谈判时间,然后由世界银行邀请借款国派出代表团到华盛顿进行谈判。双方一般就贷款协议和项目协定两个法律文件的条款进行确认,并就有关技术问题展开讨论。

2.1.4　执董会审批

世界银行和借款国就《贷款协议》或《信贷协议》达成一致,然后将项目提交世行执董会审批。

2.1.5　项目实施

项目获批准后,世界银行和借款国在协议上正式签字。协议经正式签字后,借款国方面就可根据贷款生效所需条件,办理有关的法律证明手续并将生效所需的法律文件送世界银行进行审查。如手续齐备,世界银行则宣布贷款协议正式生效,项目进入执行阶段,借款国实施项目。世界银行确保贷款/信贷资金用于既定目的,实现资金的经济和高效使用。项目实施完工后,编制《实施完工报告(ICR)》,评价世界银行和借款国绩效。

2.1.6　项目后评估

在一个项目贷款的账户关闭后的一定时间内,世界银行要对该项目进行总结,即项目的后评价。通过对完工项目执行清款,进行回顾,总结项目前几个周期过程中得出的经验和教训,评价项目预期收益的实现程度。

2.2 项目周期各阶段的环境管理

2.2.1 项目鉴别期环境管理

在项目鉴别期，主要进行初步的环境筛选，并确定项目的类别。在这一阶段，世行项目组、项目办（PMO）、环评咨询单位在收集相关资料的基础上，根据拟议项目的类型、规模、位置、敏感程度或关键环境问题，依据其可能造成的最严重的潜在不利影响，商定拟议项目的类别（分为四类：A类、B类、C类、FI类），以准确反映拟议项目的潜在风险。图2-1显示了2006—2015年世行全球范围内的环境类别统计情况。

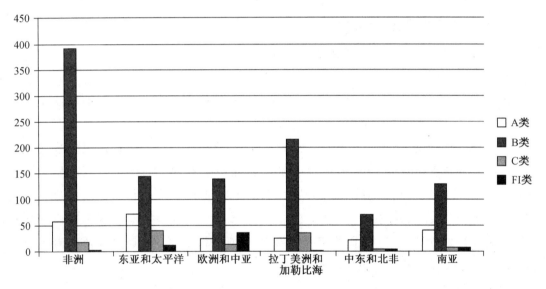

图2-1 世行全球范围内的环境类别统计

2.2.2 项目准备期环境管理

项目准备期主要根据项目特征及类别（根据情况在准备期可对项目类别进行调整），按照世行安保政策的具体要求准备环境评价文件，提供最终的环境评价文件供世界银行评估。准备期首先对项目进行进一步的环境筛选，确定环评工作大纲；其次依据环评工作大纲进行环境影响评价工作，编制环境评价文件；最后将编制的环境评价文件提交世行以供世行评估。环境文件通常由聘请的专业的、经验丰富的、独立的第三方环境咨询机构编制完成，不同类别的项目需要不同类型的环境评价文件。在项目准备阶段借款人还需要按照世界银行相关政策要求进行及时的公众咨询和信息发布。

1. 环评工作大纲的编制

项目实施单位(也常称为：项目业主)应编制 A 类项目的环评工作大纲(TOR)，一般情况下，环评单位将协助项目业主起草项目环评报告所需的工作大纲(TOR)，以保证环评能够符合世行的政策要求。

环评工作大纲(TOR)中应包含拟提交环评报告书的主要章节、环评方法和程序，并征得世行聘用的环境专家的确认(一般以世行备忘录形式)。

世行项目环评的环评工作大纲(TOR)和环评报告大纲在深度上和广度上有所区别，工作大纲(TOR)是提纲挈领性文件，并侧重于怎样开展环评工作，其广度大于环评报告大纲；环评报告大纲是具体编制环评报告书的大纲，其局部深度大于环评工作大纲(TOR)。

2. 环评工作大纲的编制案例

环评工作大纲主要内容(以交通运输类项目为例)：

(1) 项目背景

某市位于某省西南部，地处长江上游与中游的交汇处，鄂西南山区向江汉平原的过渡地带，"上控巴蜀，下引荆襄"。

某市将物流产业作为六大千亿产业之一，某市结合三峡枢纽港和现代物流业实际，积极抢抓国家依托黄金水道建设长江经济带的新机遇，精心谋划，科学组织，从 2013 年 8 月启动世行贷款项目前期申报工作，于 2014 年 9 月获得国务院批准。某公司作为项目业主，在某省发改委和财政厅的大力支持下，向国家发改委和财政部申请 2 亿美元世行贷款计划，世行贷款资金主要用于港口作业区、物流园区及物流信息平台、物流集疏运通道等港口新区项目建设。

(2) 项目描述

本项目建设范围为 1925 亩，包括港口作业区基础设施、物流园区基础设施、道路交通基础设施、信息中心和项目管理与机构能力建设。其中：

①港口作业区基础设施建设范围：909 亩。

②物流园区基础设施建设范围(包括信息中心)：930 亩。

③道路交通基础设施建设范围：86 亩。

④具体见图 2-2～图 2-4 及表 2-1。

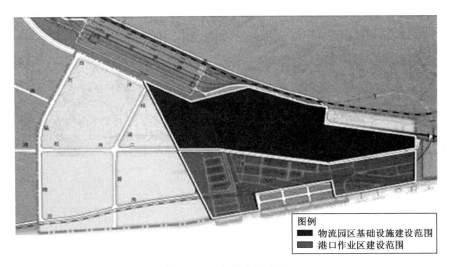

图 2-2 项目建设范围

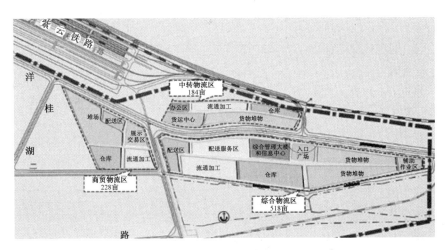

图 2-3 物流园区建设内容

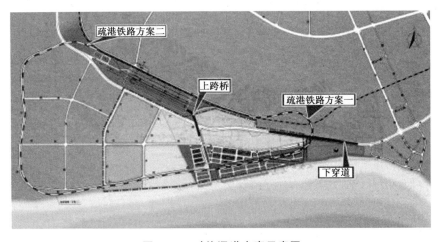

图 2-4 对外通道方案示意图

表 2-1 世界银行贷款项目建设内容一览表

工程名称	数量	等级	种类	备注
1. 港口作业区基础设施	新建7个泊位	3 000 t 级	杂货码头	配备相应的装卸工艺设备;配套建设堆场、道路、生产及生产辅助设施
2. 物流园区基础设施	主要包括仓库、加工区、堆场、广场、生活区等,占地面积930亩			

工程名称		名称	长度(m)	设计速度(km/h)	转弯半径(m)	备注
3. 道路交通基础设施	1. 内外通道工程	1. 铁路引出线工程	4 500	50	300	铁路最大纵坡为1.5%,支线全长4 500 m,其中隧道段长600 m,路基段长3 900 m
		2. 跨桥工程	1 200		24	沙湾路为南北走向,位于园区中部,起于白洋港口,向北上跨白洋大道,终点止于紫云铁路编组站
		3. 下穿道工程	40		断面宽32 m	

		名称	长度	宽度	备注
	2. 园区内部网	1. 内部网工程	1. 港区大道	1 600 m	30 m	东西走向,起于沙湾路,止于污水处理厂。道路等级为城市次干路,标准路幅宽30 m,车行道宽15 m,双向四车道
			2. 松岗二路	1 500 m	30 m	东西走向,与沙湾路基本平行,起于万福路,止于白洋港口,路幅宽30 m,车行道宽15 m,双向四车道
		2. 交通工程	园区内部交叉口精细化设计、园区内部停车场设施建设、园区交通组织与管理建设、园区通勤交通建设等4个方面			

工程名称	内容
4. 信息中心和项目管理与机构能力建设	服务大楼六层5 000 m²;机构能力建设

（3）环评工作大纲（TOR）的目标

依据国内相关规定、导则和世界银行的要求，为如何开展项目的环境评价提供路线图和指导。本环评工作大纲（TOR）将具体规定：环境评价主要任务和范围、预期结果、评价方法、技术要求、进度安排及环评报告书的目录等。咨询单位应协助项目办（PMO），实施世行环评进程（包括：受项目影响群体开展公众参与、信息披露等）。

（4）技术方法

针对不同项目活动及工程部分，应建立环境评价范围、优先项目及预测方法等。环评咨询单位将负责完成以下任务：

任务1：中国政府和世行的环评法律法规和标准等相关要求

环评咨询单位应该按照中国和世行环评政策要求，编制项目环评报告文件编制大纲（TOR），该大纲应提交给项目办（PMO）和世界银行批准。

任务2：描述项目内容

环评咨询单位应清晰描述项目背景及主要信息，包括：世行贷款资金投资建设工程内容、规模、地点、技术规格、附属设施、公用设施、建设方式和材料、实施进度及投资概况，与城市规划、交通规划、相关产业规划的关系。

关联项目：318国道、白洋港一期工程等

鉴于与世行贷款投资相关联的部分工程内容已经开工建设，环评咨询单位应该调查项目实施单位利用内配资金已经建设和正在建设的工程内容，并在环境尽职调查中清晰描述这些工程的建设内容、污水、粪便、垃圾的处理现状等措施调查，实施进度以及是否按照已经批复的环评文件实施相关减缓措施。根据环评咨询单位现场调查的情况，在现有的工程建设过程中，如果发现任何不能完全满足国家和世行环境政策要求的活动，环评咨询单位应该提出补救措施和具体的实施进度表。

任务3：调查环境和社会现状

搜集并表述与项目直接相关的现状信息、数据及关键环评变量，以便评价及说明环评区域的现状特征，从而确立基线，用以衡量项目将带来的影响和变化。现状信息一般包括：

①项目可能影响的自然环境：气候、地形、地质、地理及水文、动植物等；

②项目环境质量：水、气、声、渣等的质量现状及监测结果评价；

③项目所在城市规划和交通发展规划，二者的联系以及与项目的关系；三峡枢纽港的总体规划及其规划环评等；

④环境敏感目标列表（居民区、学校、医院等）；

⑤项目范围内各类保护区和文物古迹：性质、价值、级别、边界范围、保护要求、主管单位、保护现状；

⑥社会经济现状：经济结构（三大行业占GDP的比重），主要行业/工业、能源结

构,人口,人均收入等;

⑦项目移民和搬迁企业(如果涉及的话):数量和企业情况,有否遗留污染、废物的去处等,新安置地的污染控制;

⑧项目施工和运行可能影响和涉及的基础设施:上下水管网、电、气、通讯设施、人行道、城市排涝设施(运河、泄洪塘、涵洞)、沙湾污水处理厂等。

任务 4:信息公开和公众参与

该项目为 A 类项目,环评单位协助项目办(PMO)开展环评至少两轮公众参与,第一轮公众参与是基于项目环评工作大纲(TOR),第二轮公众参与将针对项目环评报告初稿。所有公众协商应在信息公示之后,以有实效的方式进行,例如入户和个人访谈、开座谈会及调查问卷的综合方式。调查重点应在于受影响的民众而非当地政府官员。

第一轮公众协商中,应向受项目影响的民众提供项目概况及潜在环境问题。在第二轮中,所有项目环评报告全文均应在公众场合进行公示,而且在当地媒体(报纸、广播、电视或网站)进行通告,通知民众公示时间、地点及反馈方式。应给予充分时间公示,以便公众有时间理解、消化并能提出实质性意见。项目环评报告必须记录公示和协商的日期、地点、内容、方法、参与人数、职业及其担心、意见和建议,以及环评对此是如何处理的。

环评咨询单位将从以下几个方面支持项目办(PMO)的工作。

①起草对公众的通知。

②安排会议地点。

③准备必要的信息公开文件和背景材料。

④准备公众参与所需要的相关文件,包括但不仅限于:

ⅰ. 通知方式,如:媒体、日期、文件副本;

ⅱ. 公众参与的日期;地点;

ⅲ. 出席者(姓名、所在机构或职业、电话/传真/电子邮件/家庭或办公室地址);

ⅳ. 会议安排(议程);

Ⅴ. 会议纪要(建议、在场者提出的问题及答复);

ⅵ. 所达成一致意见的列表,行动计划、期限、责任。

任务 5:替代方案分析

目的是对项目在设计阶段,对不同替代方案,从可能的环境影响,对绿化、社会和安全的影响,减缓措施的可行性,这些措施的成本,在管理和培训方面的要求等,进行系统性的比较和分析,从而找出环境上最佳的方案,为优化项目设计提供决策支持,从而减少今后环保措施的负担。

交通项目典型替代方案可以分两个层次:

①战略规划层次;

②技术层次,包括不同的方案设计、不同的选址和布局、不同的污染控制和减缓措施等。

项目替代方案的可能来源包括:

①无项目可以作为替代方案之一;

②项目可行性建议书中已经筛选去除的方案;

③公众协商及专家咨询中提出的方案;

④可从环境、安全等方面提出替代方案建议。

任务6:环境影响评价

从设计、施工和运行等3个阶段,分析拟建项目可能产生的环境影响,根据评价等级进行定性或者定量分析预测,并提出适当的减缓措施来避免、减少和补偿拟建项目产生的负面影响。环评咨询单位在项目环评报告书中至少要讨论并分析以下问题:

①设计阶段

目的是从源头降低对环境的负面影响。详见替代方案分析。另外,本项目规划范围位于白洋工业园总体规划的范围内,白洋工业园已经进行了规划环评,本项目累积影响将主要参考规划环评相关内容。

②施工阶段

根据调查结果,环评应对影响因子按重要程度进行划分,并将重点放在最重要的因素上。典型的影响包括:

对沿线社会生活影响:店铺、机构、居民出行,对公用设施影响;

噪音影响:尤其针对噪音敏感目标;如果不能避免夜间施工,环评应评估项目相关的城市环境要求;

空气污染:主要为施工期扬尘;

固废:建筑垃圾、填土来源、弃土方在场地的存放及最终的处理,弃土场对生态环境的影响,如取土和弃土场的水土流失;

对文物古迹、历史建筑(如果涉及的话)的影响:施工(如机械振动)对周围文物古迹、历史建筑等的影响;

跨界影响:临时工程、取弃土场对环境的影响、运输路线对沿线环境敏感点的影响;

水污染和水土流失:施工期废水对地表水的影响,尤其是对位于河岸及运河道岸边的场地尤为重要;

生态影响(施工期造成的长江生态影响,比如水质、水生生态系统等);

施工期固废影响:包括生活垃圾和建筑垃圾。

③运行阶段

大气:道路沿线机动车尾气排放及影响,堆场扬尘、船舶运行产生的空气污染;

噪音：根据相关规范进行分析，提出控制性范围；

水环境：物流园区产生的废水以及生活污水的性质、去处等，船舶运行过程中泄露和油污等对长江生态环境的影响等等；

环境风险：物流园区运行阶段的风险事故（如装卸时发生遗撒泄漏等）。

固废影响：生活垃圾、物流园区加工垃圾；

间接影响：指由项目引发的影响，如港口建设和物流园区建设后导致和加大城市化、促成相连工业区发展、改变了土地使用等；

社会影响：从社会评价报告中得出的结论和建议。

任务 7：编制环境和社会管理计划

根据国内相关法规、规范和管理办法，以往类似项目的经验和教训，并参考了世界银行《环境、健康与安全通用指南》（简称《EHS 指南》），针对工程施工期和运营期负面影响，提出的具体减缓和监控行动计划，一般主要有以下几大方面：

① 环境管理的机构安排及其职责

明确项目环境管理的组织架构，列出省/市项目办（PMO）、项目业主/法人、承包商、监理工程师、运营者及环境监测的作用、职责及人员配置要求。

② 环境影响的减缓措施

根据评估出的负面影响，提出具体的、可操作的、行动为导向的相关减缓措施，并说明这些措施如何实施、如何监督管理。

③ 环境监测

建设及运行期间的具体的环境监测计划，要包括：监测对象（空气、水、废弃物及噪音等）、监测指标、方法、地点、时间和频率以及费用。

④ 培训计划

旨在使项目各方熟悉环境管理计划，从而加强实施的能力。培训计划应包括：对各级项目办、业主、承包商及工人、监理工程师、运营单位和人员的培训内容、时间、人次、安排和费用估算等。

⑤ 监督与报告制度

对环境管理计划（EMP）实施情况的定期报告制度安排，提出具体建议，并对各项报告内容提出具体要求，以促进实施和监督管理。如果为单行本，还要包括项目简介、敏感点、适用标准等。

（5）产出与时间进度

此次环评咨询任务的产出将以报告的形式呈现：整个项目的《环境影响报告书》（EIA）、《环境与社会管理计划》（ESMP）和《执行摘要》（ES）。

根据项目准备、项目预评估、项目正式评估的时间进度安排，特制定环评工作进度表：

表 2-2

里程碑	时间节点
根据项目准备进度,完成环评工作大纲,确定环评单位	2015 年 5 月 28 日
与环评单位签订委托合同,下达委托函	2015 年 7 月 31 日
环境调查,开展第一轮的公众参与	2015 年 6 月
起草项目环评报告文件	世行准备团前(2015 年 7 月)
开展第二轮的社会公众参与,然后根据公参反馈修改项目环评报告文件	世行预评估前(2015 年 7 月-8 月)
完成最终版环评报告文件	世行正式评估前(2015 年 10 月)

(6) 附件(略)

(7) 环评报告编制大纲(环评报告书目录)

3. 环境评价文件的编制

不同类别的项目需要不同类型的环境评价文件。A 类项目需编制环境影响评价报告、环境管理计划、环境执行摘要报告;B 类项目需要环境影响评价报告、环境管理计划或者只需要强化的环境管理计划;C 类项目不需要准备环境文件或者准备简单的环境管理框架;FI 类项目需要环境管理框架。同时需要根据项目具体特征及特定的影响,编制其他必要的环境评价文件,如物质文化资源管理计划、病虫害管理计划等。

4. 公众咨询和信息公开

在项目准备阶段借款人和还需要按照世界银行相关政策要求进行及时的公众咨询和信息发布。世界银行对于不同类别项目的公众咨询和信息公开有不同的要求,对于 A 类项目至少进行两轮公众咨询,第一轮在环境筛选后不久,环评大纲最终确定之前第二轮咨询在环评报告草稿完成之后。B 类项目至少需要做第二轮公众咨询和信息发布。在公众咨询前应及时公开提供相关材料,材料的格式和语言应通俗易懂,针对不同的咨询对象采用不同的材料,并确保咨询对象能获得材料。

信息公开和公众参与的责任主体是项目业主单位,项目环评咨询单位将与项目办(PMO)密切协作,开展公众参与活动。特别是,项目环评咨询单位将从以下几个方面支持项目办(PMO)的工作:

(1) 起草对社会公众的通知;

(2) 安排会议地点;

(3) 准备必要的信息公开文件和背景材料;

(4) 准备公众参与所需要的相关文件,包括但不仅限于:

①通知方式,如:媒体、日期、文件副本;

②公众参与的日期；
③公众参与的地点；
④出席者(姓名、所在机构或职业、电话/传真/电子邮件/家庭或办公室地址)；
⑤会议安排(议程)；
⑥会议纪要(建议、在场者提出的问题及答复)；
⑦所达成一致意见的列表,行动计划、期限、责任。

2.2.3　项目谈判阶段环境管理

在项目谈判期间,世界银行和借款人将之前环境评价过程中所采取的措施等均列入贷款文件,将必要的环境评价文件的要求变成法律条款。通常来说,A类和B类项目环境管理计划会列入贷款协议,成为项目必须执行的法律条款;对于C类和FI类项目则是环境管理框架。

2.2.4　项目执董会审批阶段环境管理

在项目贷款协议提交执董会批准时,贷款协议中相关的环境文件及其要求也同时得到了批准,在贷款协议签订后,这些环评文件和要求便具有了法律效力,在之后的项目实施阶段必须要执行这些环评文件的相关要求。

2.2.5　项目实施期环境管理

当项目进入实施期后,借款人要负责实施项目环境评价过程中的环境文件要求的措施和贷款协议中要求的环境条款,借款人要确保约定的那些避免、减轻、减缓环境影响的措施都在项目的实施过程中予以落实。借款人要安排实施这些措施和条款需要的机构、明确机构人员责任和进行相关人员能力的加强、考虑需要的费用、明确实施计划,之后逐一实施这些措施,并同时聘请第三方监测机构监测这些措施和条款实施的效果,编写执行情况报告,对于实施情况和是否达到预期的效果定期向世界银行汇报,世界银行也会定期对项目进行现场检查。对于项目实施过程中相关环境条款和措施发生变化的,均要取得世行的同意。对于A类和B类项目来说,项目实施期依据环境管理计划来执行;C类和FI类依据环境管理框架来执行。

2.2.6　项目后评估阶段环境管理

项目贷款的账户关闭前借款人和世行需要准备项目竣工报告,竣工报告要明确项目在环境方面过往的执行情况、项目的环境可持续性和项目环境管理方面的经验教训。而项目后评估主要是针对项目的环境可持续性进行评估。

第3章 世界银行安全保障政策

3.1 安全保障政策概述

3.1.1 安全保障政策的目标、原则和必要性

1. 安全保障政策的目标

安全保障政策是为了确保对世界银行所资助项目带来的社会和环境影响给予适当的考虑,包括对可能影响的分析和减缓负面影响的措施。

2. 安全保障政策的原则

安全保障政策的制定有以下原则:
(1) 及时的环境和社会评价。
(2) 避免或减小负面影响。
(3) 借款国对项目计划和行动负责。
(4) 咨询受影响人群和公开相关信息。
(5) 通用原则与地方相结合。

3. 安全保障政策的必要性

首先,安全保障政策的制定可以避免对环境或受影响人群造成伤害;其次,安全保障政策有助于完善项目设计,提高执行工作的效率;最后,安全保障政策可以保护世界银行和借款国的信誉。

3.1.2 世界银行安全保障政策

目前,世界银行共有十项安全保障政策,该系列政策于1999年1月颁布并实施,截至2018年1月1日前准备的项目均使用该系列环境安全保障政策。十大安全保障政策如下:

(1) OP4.01 Environmental Assessment 环境评价
(2) OP4.04 Natural Habitats 自然栖息地
(3) OP4.09 Pest Management 病虫害管理

（4）OP4.10 Indigenous Peoples 土著民族

（5）OP4.11 Physical Cultural Resources 物质文化资源

（6）OP4.12 Involuntary Resettlement 非自愿移民

（7）OP4.36 Forestry 林业

（8）OP4.37 Safety of Dams 大坝安全

（9）OP7.50 Projects on International Waterways 国际水道

（10）OP7.60 Projects in Disputed Areas 有争议地区

3.1.3 安全保障政策的分类

十大安全保障政策中，其中OP4.01环境评价、OP4.04自然栖息地、OP4.09病虫害管理、OP4.11物质文化资源、OP4.36林业、OP4.37大坝安全为环境政策；OP4.10土著民族、OP4.12非自愿移民为社会政策；OP7.50国际水道、OP7.60有争议地区为法律相关政策。

3.1.4 安全保障政策的适用范围

世界银行安全保障政策适用于以下类型的贷款：投资贷款（Investment Lending）、社区驱动发展和社会基金（CDD and Social Funds）、金融中介贷款（Financial and Intermediary Operations）、碳基金贷款（Carbon Finance Operations）、紧急恢复贷款（Emergency Recovery/Post Conflict）、全球环境基金（Global Environment Facility）、信托基金贷款（Trust Fund Operations）、技术援助（Technical Assistance）。不适用于发展政策贷款（Development Policy Lending）和以结果为导向的贷款（Program for Results Lending）。

3.2 OP4.01 环境评价

3.2.1 环境的定义

OP4.01环境评价中所指的环境为广义的环境，包括自然环境（空气、水和土地）、人类健康与安全、社会环境及跨界和国际问题。而国内环境影响评价中的环境为狭义的环境，单指空气、水、土壤等要素组成的自然环境。

3.2.2 政策的目标

OP4.01环境评价政策的目标是为了确保世界银行贷款项目在环境方面良好并

具有可持续性，同时帮助项目决策。

3.2.3 政策的触发条件

对于使用世界银行资金且可能产生不利环境影响的项目，要触发 OP4.01 环境评价的政策，该项目要求进行环境影响评价。不仅建设类项目会触发该政策，一些软课题（比如规划或研究）也会触发该政策。

3.2.4 实现政策目标的机制

在项目鉴别期，进行初步的环境筛选，判断项目是否触发 OP4.01 环境评价。对于触发 OP4.01 环境评价政策的项目，根据 OP4.01 环境评价的要求进行项目分类，并对项目团队和实施机构提出建议来保证满足世行安保政策的要求。进入项目准备期后，借款人需要进行环境影响评价和最终确定项目涉及的安保政策，确保安保政策和项目主要的环境问题在环境评价过程中得到充分的考虑和解决。对于不同类型的项目选择不同的工具来进行环境评价，OP4.01 环境评价同时还提出了项目环境评价过程中对公众咨询、信息公开、环评机构的选择及能力等方面的要求。在项目进入实施阶段后，借款人还需向世界银行报告环境方面的相关情况。

1. 环境筛选及项目分类

根据项目的类型、位置、敏感度、规模以及潜在的环境影响的特性和大小，世行将项目分为四类：A类、B类、C类、FI类。项目类型主要指项目本身特征及所具有的环境风险；位置主要指考虑项目与周围重要的环境地区如湿地、森林和自然栖息地等的位置关系；敏感性主要指是否有不可逆的潜在影响或影响到脆弱的少数民族、涉及非自愿移民安置或影响物质文化遗产等；规模是指根据具体情况，考虑环境和社会问题的范围；潜在的影响是指基于采取消减措施之前的影响。世行贷款项目分类由专家会同地区环境部门来确定，分类不是绝对的，与专业判断有关，且一个项目只能给予一个分类，不能使用双重类别。如果未能对项目进行正确的分类，会对自然环境和人群造成重大影响。在项目准备期间，允许世行工作组和地区环境部门根据项目调整情况和新的项目信息进行项目分类的调整。而国内项目环评根据项目的类型、规模、地点（敏感性）和《建设项目环境影响评价分类管理名录》中量化的指标，规定了不同建设项目编制不同的环境影响评价文件类型，国内环境影响评价文件分为环境影响报告书、环境影响报告表、环境影响登记表。与世界银行项目分类由专家会同地区环境部门来确定不同，专业能力不高的技术人员即可以根据《建设项目环境影响评价分类管理名录》来确定国内环境影响评价文件类型。

A 类项目：产生重大的不良环境影响，这些影响是敏感的、多种的或前所未见的，同时环境影响的范围大于项目的厂址或设施范围的项目,类似于国内可能造成重大环境影响的、应当编制环境影响报告书的项目。通常大坝和水库、矿藏开发、机场铁路等交通设施建设、大型灌溉和排水等项目均为 A 类项目。

B 类项目:潜在的不良环境影响小于 A 类,这些环境影响仅限于厂址范围且很少是不可逆的,且设计缓解措施比 A 类项目更容易的项目,类似于国内可能造成轻度环境影响的、应当编制环境影响报告表的项目。一般来说,小型工业、小型公共设施、农业项目等为 B 类项目。

C 类项目:对环境的影响很小或没有影响的项目。类似于国内对环境影响很小,应当填报环境影响登记表的项目。常见的 C 类项目有教育、组织机构发展、卫生保健等。

FI 类项目:世行通过金融中介对子项目进行贷款,子项目可能会产生不良环境影响的项目。

2. 项目的环境评价

世行项目的环境评价与国内环评有所区别,国内环评仅考虑项目建设对空气、水、土壤等自然环境的影响,而世行的环境评价综合考虑自然和社会方面的因素,包括自然环境(空气、水、土地)、社会因素(非自愿移民、少数民族、物质文化遗产)、人类健康与安全、跨越国境的环境问题和全球环境问题,同时世行环评更强调替代方案的比选和公众磋商。OP4.01 环境评价政策作为十大环境安全保障政策的载体,触发的其他安保政策都纳入环境评价中,最终写入环境影响评价报告。世行项目的环境评价还要结合项目所在国家的具体情况,包括国家政策法律、技术条件等。对与不符合借款国法律政策或其他要求的项目,世行将不予支持。与国内环评要求尽早介入及综合考虑经济、技术等其他因素的要求相同,世行也要求环境评价应尽早启动并同时考虑项目的经济、财务、社会、技术等。项目环境评价的广度、深度、分析类型取决于项目本身的特征、规模和潜在的环境影响。环境评价评估项目影响区域潜在的环境风险和影响;检验项目的替代方案;通过预防、消减、缓解或补偿不利的环境影响以及增强有力的环境影响的措施来改进项目的筛选、选址、规划、设计和实施等活动;制定项目实施过程中缓减和管理不利影响的措施。

3. 环境评价工具

国内项目环评工具只有三种,分别为环境影响评价报告书、环境影响评价报告表和环境影响登记表。世界银行则根据项目的不同,选择不同的工具进行环境评价,OP4.01 环境评价中列举的工具有环境影响评价、区域性或行业环境评价、环境审计、危害或风险评价、环境管理计划等。世界银行 A 类项目需编制环境影响评价报告、环境管理计划、环境执行摘要报告;B 类项目需要环境影响评价报告、环境管理计划或者只需要强化的环境管理计划；C 类项目不需要准备环境文件或者准备简单的环境管理框架；FI 类项目需要环境管理框架。其他工具根据项目具体情况来酌情选择，如物质文化资源管理计划、病虫害管理计划等。

环境影响评价：适用于全部 A 类项目和部分 B 类项目的工具。通过环境影响评价来鉴定和评估项目可能产生的环境影响，分析有关替代方案，设计适宜的减缓、管理和监测措施。A 类项目的环评应包括相关政策法规、项目概况、项目自然和社会环境现状、预测和评价环境影响、替代方案分析（从多角度和无方案时进行对比分析以及和其他方案对比分析）、累积性影响评价、环境管理计划（包括减缓、监测措施和机构加强等内容）、附录（移民安置计划、公众咨询记录和其他需要的资料）等内容，其中累积性影响评价时 A 类项目必须要做的部分。B 类项目环评报告结构与 A 类项目类似，但其环境影响较 A 类项目易于识别，影响也是局部性的和限于当地的，B 类项目不需要累积性影响评价。

环境管理计划：适用于全部 A 类项目和全部 B 类项目的工具。核心是全面的减缓、监测措施，以及为了实施这些措施所做的安排，这些安排包括环境管理的机构、对机构的能力建设和培训、各措施及其实施时间表、费用估算等。对于不需要环境影响评价，只采用加强的环境管理计划的 B 类项目，环境管理计划中还要对关键的环境影响进行分析和提出消减措施。

环境管理框架：适用于部分 C 类项目和 FI 类项目的工具。当 C 类项目的内容在评估时还没有确定（规模、位置、工艺等）时，需要制定环境管理框架。FI 类一般来说都需要编制环境管理框架。C 类项目和 FI 类项目的环境管理框架内容相同，包括评价环境和社会影响的原则、指南及程序，减缓或补偿不利影响的措施，成本估算的条款，机构设置及能力。如果存在子项目，环境管理框架还要包括子项目厂址可能的区域，潜在的影响区域和可能的减缓措施等。

环境执行摘要：仅适用于 A 类项目的工具，且需单独成册。简明扼要的表述项目目标、项目内容、预测和评价环境影响、采取的消减措施等内容，从环境影响评价的内容提炼而来。

区域性或行业环境评价：区域环评在评价项目对特定区域（如城区、流域或沿海区域）会产生环境问题和影响时使用；行业环评在评价项目对特定行业（如电力、交通、农业）产生环境问题和影响时使用。区域环评和行业环评均要评价累积性影响。

环境审计：针对正在实施的工程或活动（建设期或运行期），评价其环境管理系统的质量，是否符合法律法规、机构的能力等。相当于常用的 due diligence review（尽责调查），但是范围和程度更强。

危害或风险评价：危害评估适用于那些涉及易燃、易爆、反应性和毒性物质且现场使用超过规定限值的项目；风险评价适用于那些涉及装卸、保管、处理危险物质和废物的项目,也适用于在易受重大自然灾害毁灭的地区建设的重大工程项目。二者适用于当环境和社会风险不确定时或难以预测(比如溃坝或有毒有害物质泄漏),也包括地质风险等(不同于我国的安全风险评价和环境风险评价,内容上更广)。

4. 公众咨询

公众咨询的目的是获取直接受项目影响区域公众的意见,使决策部门及时发现潜在问题,及时修改、完善设计方案,使公众反映的问题从根本上得到解决,进而使项目的工艺设计、环保措施和环境监控及管理更趋于完善与合理,力求项目的建设在环境效益、社会效益和经济效益方面取得最优化的统一。对所有由国际开发银行(IBRD)或国际开发协会(IDA)资助的 A 类及 B 类项目,在环境评价过程中都要进行公众咨询。借款人需就项目所涉及的环境诸方面问题与受影响的群体和非政府组织进行协商,并考虑他们的意见。公众咨询与信息公示的对象主要是项目环境影响范围内的单位和个人,并特别重视学校、医院和非政府组织等团体的需要和诉求。

公众咨询可采用多种方法,根据项目情况和受咨询对象的情况酌情采取公众会议、座谈会、访谈或其他有效的方式,确保公众咨询能反映咨询对象的真实意见和想法,以便对其意见和想法在项目过程中进行考虑并给予反馈。

对于 A 类项目至少进行两轮公众咨询,第一轮在环境筛选后不久,环评大纲最终确定之前。第一轮公众咨询的目的是将项目相关信息和项目潜在影响告知有关利益方和公众,了解有关利益方和公众对项目的认知和了解程度,以及他们对项目的态度和对有关环境与社会影响的担忧;初步和项目利益相关者进行接触,听取他们的意见并及时反馈。第二轮咨询在环评报告草稿完成之后,咨询主要是针对项目的环境影响评价报告初稿进行咨询,将公众的意见和建议向有关方面反映并及时反馈,同时在报告中给予考虑。

B 类项目至少需要在环评报告草稿完成之后,针对项目的环境影响评价报告初稿进行咨询,将公众的意见和建议向有关方面反映并及时反馈,同时在报告中给予考虑。

C 类和 FI 类需要进行一轮公众咨询,针对项目的环境管理框架进行咨询,将公众的意见和建议向有关方面反映并及时反馈,同时在环境管理框架中给予考虑。对于不需要准备环境文件的 C 类项目来说,可以针对项目的国内要求的环境文件进行相关的公众咨询。

5. 信息公开

信息公开的方式可选用报纸、网络、张贴公告等多种形式结合进行。对所有由国际开发银行(IBRD)或国际开发协会(IDA)资助的 A 类及 B 类项目,在在公众咨询前应及时公开提供相关材料,材料的格式和语言应通俗易懂,针对不同的咨询对象采用不同的材料，并确保咨询对象能获得材料。

对于 A 类项目，在第一轮咨询前应发布项目相关信息，应提供项目概要材料，材料包括项目目标、内容和潜在的影响。在环评草稿完成之后，应将报告书草稿公之于众，确保受影响人群和非政府组织能得到项目的环评报告。另外，世行收到环评报告但未评估前，也会通过信息中心将报告书公开。

B 类项目要求在环评草稿完成之后，应将报告书/加强版的环境管理计划草稿公之于众，确保受影响人群和非政府组织能得到项目的环评报告/加强版的环境管理计划。

C 类和 FI 类要求将环境管理框架草稿公开，确保受影响人群和非政府组织能得到项目的环境管理框架。对于不需要准备环境文件的 C 类项目来说，将国内要求的环境文件草稿进行公开即可。

6. 执行情况汇报

相比国内项目实施期的环境管理，世行尤其重视项目实施期是否落实了项目准备阶段约定的环境保护措施和安排。在项目进入实施阶段后，世行要求借款人报告环境评价结论基础上与世行达成一致的措施，包括环境管理计划的执行情况，以及监测结果和其他约定的措施。对于 A 类和 B 类项目来说，实施阶段主要依据环境管理计划；项目实施单位需每半年向世行提交一份环境管理计划执行报告，执行报告应包括环境管理计划中要求的环境管理机构的设立情况、相关培训的进行情况、消减措施的执行情况、公众申诉情况等内容。对于 C 类和 FI 类项目来说，项目实施期则是依据环境管理框架，对于环境管理框架的要求的执行情况，也要定期向世行报告。另外，世行每半年对项目的实施进行一次现场检查。

7. 机构的选择及能力

世行要求在项目环境评价关键方面的人员团队具有足够的法律或技术能力，如果对项目环境影响评价、环境监测、消减措施的管理等方面缺乏相应能力，则应加入增强这些能力的相关内容。借款人可以聘请独立的并且有能力的环评咨询团队来进行环境方面的工作，世行对于团队的聘请强调能力和经验，如果环评团队的能力不足，应考虑通过培训来加强这方面的能力或者重新选取有能力的团队来进行。世行要求在项目谈判之前取得国内环保部门的批复，对于项目国内环评报告，按照国内的审批程序进行即可。根据国内要求，环评单位需具备相关类别建设项目的环评资质。

环评咨询团队应尽早介入，帮助借款人进行环境筛选，之后进行环境评价（按照国内和世行要求分别进行环境评价）。在项目开始实施之后，环评咨询团队监测环境保护措施和环境条款实施的效果，编写执行情况报告，并定期向世界银行报告。

3.2.5 政策应用案例

1. 项目介绍

项目名称：某省利用世行贷款农业灌溉项目

项目内容：该项目包含三个子项目

子项目一：灌溉系统的建设和修复

(1) 主灌系：干渠、分干渠和10条支(分支)渠，建成后将对灌区农民提供可靠的水源保证和补充。

(2) 田间示范工程：斗渠、农渠和毛渠，保证农民从本工程中得到真正的实惠。

子项目二：农业投入和支持服务

(1) 农业技术推广服务包括(项目建成)补充灌溉水源得到保证后所采取的全部增产措施和投入。

(2) 基于社区推动模式(CDD)建立起来的"用水户协会"的发展，动员农民参与整个工程设计、建设和实施全过程，并且由他们负责田间灌溉系统的运行和维护。

子项目三：机构能力建设和项目管理

(1) 咨询服务(通过市县级专家组进行)：方便项目管理办公室的管理和实施。

(2) 参与国内外的培训和考察学习，保证项目的实施符合国际惯例。

(3) 监督和评价体系建设以及采购和财务信息系统建设。

(4) 配备相应的办公设备和项目监管及质控用车。

水源：位于长江一级支流上，由政府出资建设一座大型水库，坝高124米，最大蓄水能力5亿立方米。该水库将与世行贷款项目同期建设，同期完工。

项目目标(PDO)：①增加灌溉面积，以提高农业生产；②为项目区的小型农业社区和工业供水；③引进社区驱动的参与方式对水利设施进行管理，提高价值更高的农产品的生产，保证项目地区的农业科持续发展。

贷款额：1亿美元

项目受益人：主要的受益人为130万贫困农民(39.7万户)，可以通过本项目获得可靠的灌溉用水；其他受益人包括170万农村或小城镇居民及工业企业，通过本项目获得饮用水和工业用水。

自然条件：在项目现场考察的结论——总的地势北高南低，海拔相对高差大，为丘陵—低山区，区内水系发育系数大。

社会条件：目前农民基本依靠农业种植，平均每人耕地面积2亩，主要是雨浇地。

2. 项目触发政策

该项目建设使用世行资金且可能对环境产生不利影响(在建设期会造成水渠沿

线土壤扰动、水土流失、植被破坏，大坝的修建改变库区和大坝以下河段的水文情势），因此该项目的建设触发 OP4.01 环境评价的政策。

3. 项目分类

项目为大型农业灌溉项目，项目包括一座大型水库及多条灌渠，项目涉及范围广，项目的建设会对整个区域土壤、农作物、地表水等产生一系列的影响，影响范围远大于项目范围。项目定为 A 类项目。

4. 工具的选择

项目为 A 类项目，需要环境影响评价报告、环境管理计划、环境影响评价执行摘要报告，结合项目特点还需要大坝安全报告（项目要修建大坝）、病虫害管理计划、动迁行动计划、物质文化资源管理报告。

环境影响评价报告的章节如下：

项目概述、环境政策、法律法规框架和编制依据、项目描述、环境现状、环境影响评价和保护措施、区域累积性影响分析、替代方案分析、环境风险分析和消减措施、移民安置、公众咨询和信息公开、环境管理计划摘要、结论和建议。

环境管理计划的内容包括项目介绍、政策和法律框架、环境管理体系、环境影响和消减措施、环境监测计划、环境保护和水、土壤保护的费用估算和成本效益分析、环境管理计划信息管理。

环境影响评价执行摘要报告内容包括项目介绍、项目目标、环境评价过程和法律框架、项目描述、环境现状、替代方案分析、环境影响和消减措施、环境管理计划、移民安置计划、公众咨询和信息公开、结论和建议。

5. 公众咨询

本项目为 A 类项目，至少进行两轮公众咨询。

第一轮公众咨询在完成环境筛选后，环评大纲终稿之前；咨询对象有项目地区的农民、当地文物部门、当地渔业部门和林业部门、当地农业部门等。咨询采用公众会议、座谈会、访谈的形式。通过第一轮咨询确定了筛选出的环境问题被充分的理解，了解了关键受影响人的意见和建议，进一步完善了筛选，完成了重点问题的确定。最后根据第一轮公众咨询中发现的问题，完成了环评大纲的终稿。

第二轮公众咨询在在环评文件草稿完成之后。咨询对象与第一轮一致（在发现新的问题或触发新的政策时，增加相关利益人员），咨询采用公众会议、座谈会、访谈的方式。第二轮咨询主要对报告的环境影响、措施和结论进行确认。通过第二轮咨询，汇总相关公众意见并纳入环评报告。

6. 信息发布

第一轮咨询前信息发布：在对当地关键的受影响人进行咨询之前，应发布项目的信息，包括项目的基本建设内容和筛选出的环境问题。

环评草稿完成后信息公示：中文版由实施单位在当地全文公示：(1) 网上公示；(2) 文本放置在便于公众接触的地方（村委会、项目办等）；(3) 在当地报纸刊登广告（项目的基本信息、报告的基本信息、联系人、报告放置地址等）；(4) 英文版由世行在其信息中心(Infoshop)公示；(5) 信息随时更新。

7. 执行情况汇报

在项目进入实施阶段后，借款人依据环境管理计划的要求，落实环境管理计划中的各项内容；同时每半年向世行提交一份环境管理计划执行报告。执行报告应包括环境管理计划中要求的环境管理机构的设立情况、相关培训的进行情况、消减措施的执行情况、公众申诉情况等内容。世行每半年对项目的实施进行一次现场检查。

8. 机构的选择和能力

借款人在早期聘请了独立的并且有能力的环评单位来进行环境评价工作。环评单位具有国内要求的相关类别的环评资质，根据国内的要求准备了环境影响评价报告并通过了国内相关环保部门的审查。依据世界银行环境评价的要求，该单位在项目早期进行了环境筛选，准备了工作任务大纲，大纲给出了项目内容和环评范围、工作内容、环评文件的内容和目录、提交的文件和时间等信息；在项目准备阶段，按照世界银行 A 类项目环境评价的要求编制了环境影响评价报告、环境管理计划、环境影响评价摘要报告及大坝安全报告、病虫害管理计划、动迁行动计划、物质文化资源管理报告等，完成后将环境影响评价报告提交给世界银行审查，同时摘要报告提交世行执董会审查。在项目实施期，聘请了第三方环境监测单位，监测环境管理计划中要求的实施情况并编写环境管理计划执行报告。

3.3 OP4.04 自然栖息地

3.3.1 自然栖息地的定义

OP4.04 自然栖息地中所指的自然栖息地可以是陆域或者水域。这些陆域或水域需具备两个特征：(1) 主要由当地的动植物组成的生态种群；(2) 人类活动还未对该地区的主要生态功能造成实质性的改变。自然栖息地包括陆地、淡水、近海和海洋生态系统，还包括受到人类活动轻微改变，但是仍然保留其主要生态功能和大部分原物种，比如：用于砍伐的自然林、用于畜牧业的自然草原、用于渔业的珊瑚礁。

3.3.2 政策的目标

通过对自然栖息地的保护生物多样性并实现可持续发展,促进已退化的自然栖息地的复原;世行支持在政策对话/项目贷款和行业活动中保护、维护和恢复自然栖息地;世行支持,并且期望借款人也采取审慎的方法对自然资源进行管理,确保实现环境的可持续发展。

3.3.3 政策的触发条件

对于会对自然栖息地造成重大损害或重大改变的项目,要触发 OP4.04 自然栖息地的政策。世行采取了谨慎的方法,对于可能涉及自然栖息地的项目,在项目准备阶段一般都触发该政策。可能触发 OP4.04 自然栖息地政策的项目有:交通项目、发电和输变电线路、提取类工业、供水、农业、渔业、林业、城市开发、旅游业设施、电信、私有化等。

世行不支持对重要的自然栖息地造成重大变化(损失)或退化的项目。其中重要自然栖息地是指:受法律保护的(世界自然保护联盟)、官方提出需要保护的、当地社区传统上保护的、为了维持上述栖息地所需的区域、被认定具有很高保护价值的区域(比如:对于濒危物种、脆弱物种、稀有物种或洄游/迁徙物种至关重要的区域、公认的非常适合生物多样性保护的区域、神圣的树林)。

对于对非重要的自然栖息地造成重大变化或退化的项目,世行一般也不予支持,除非同时满足以下三条:(1) 对于项目及其位置没有其他可行的方案;(2) 结果综合的分析,证明主题的效益远远超过环境成本;(3) 项目包含世行接受的消减措施。

重大变化是指由于土地或水域的重大和长期变化使自然栖息地的完整性消失或严重缩小;重大退化是指对自然栖息地的改变使其维持当地物种的基本数量的能力受到大幅度减少。

3.3.4 实现政策目标的机制

在项目鉴别期,进行初步的环境筛选,判断项目是否触发 OP4.04 自然栖息地。对于触发 OP4.04 自然栖息地的项目,相关内容纳入环境评价中进行考虑。

项目分类:在环境筛选的同时根据项目涉及自然栖息地的重要性及项目可能对自然栖息地造成的潜在影响对项目进行分类。如果项目会对重要或其他自然栖息地造成改变或退化(间接或直接),则项目被定为 A 类项目;如果是项目仅仅涉及一般性的自然栖息地,不会对自然栖息地造成重大的改变或退化,则被定义为 B 类项目。

环境评价工具:在项目准备期无论是 A 类还是 B 类项目都需要进行环境评价,对自然栖息地的保护通过环评来实现。环境评价要识别可能影响的自然栖息地的问题,指出对自然栖息地影响的类型和评价的范围、潜在影响的程度、项目的建设和法律法规以及规划的符合性、通过备选方案的分析来避免、最小化或消减对自然栖息地的影响,制定相应的影响缓解措施及其执行计划(包括实施费用)。

公众咨询:在项目准备阶段,项目可能出现的对自然栖息地的影响、各种形式的影响缓解措施都要与环境管理部门和相关法律主管部门进行协商后确定。同时,还需要咨询项目影响的非政府组织和地方社区等团体的观点,使之参与到项目的规划、设计、实施、监控和评估工作中区。世行鼓励向这些人提供自然栖息地的适当信息和进行保护工作的激励措施。

专家要求:如果项目涉及了自然栖息地的部分,世行要求安排相关的环保专家参与项目的准备、评估和检查等阶段工作,以保证制订和实施充分的缓解措施。

执行情况:在项目实施以后,项目执行报告要评价项目在自然栖息地保护方面是否达到了预期的环境目标并定期向世行报告。

3.3.5 政策应用案例

1. 项目介绍

项目名称:某城市利用世行贷款建设沿江湿地公园

项目内容:建设潜流人工湿地处理当地的污水处理厂的出水,建设人工景观。该江是长江的一级支流,目前沿江为浅滩湿地。

2. 项目触发政策

项目沿江建设湿地公园,建设内容位于沿江浅滩湿地中,同时利用湿地处理当地污水处理厂的出水。项目湿地公园的建设和污水处理厂污水排放可能对目前的沿江湿地造成损害,因此项目触发 OP4.04 自然栖息地的政策。

在项目鉴别过程中,基于以下几个方面,经过谨慎的考虑,世行代表团将该工程排除在项目之外:

(1) 该湿地为自然栖息地,尽管其重要性需要进一步确定。

(2) 将自然栖息地转变成人工湿地,会造成重大的改变或退化(人工湿地需要更大的面积来保证污水的停留时间,这种转变会完全改变原有的生态系统)。

(3) 建设人工湿地的目的主要是处理当地污水处理厂的出水,以达到更高的排放标准。而该目的可以通过其他的技术手段实现,比如对该污水处理厂进行改造。建设人工湿地并不是唯一的方案。

因此,在考虑项目的内容构成时,当地的专家团队中应有一名合格的环境专家帮助业主进行世行环境政策的筛选,以避免花了大量的人力和财力编写项目的建议书或可研,却触发了世行环境政策的红线的情况。

3.4 OP4.09 病虫害管理

3.4.1 政策的目标

(1) 将与农药使用有关的环境和健康危害降至最低。
(2) 确保病虫害管理活动符合综合管理方法(IPM)。
(3) 帮助借款国实施基于综合病虫害管理方法的作物保护和农药管理。

3.4.2 应用范围

适用于所有世行贷款项目,无论是否使用世行贷款采购农用。

3.4.3 触发条件

(1) 项目下的任何农药或农药应用设备的采购必须要正视(农业应用、带菌体控制、杂草控制等),或是直接由项目购买,或是间接由转贷、联合融资,或是政府配套资金购买。
(2) 项目或计划引入新的害虫管理作法,或扩大或改变现有的害虫管理习惯作法。
(3) 其他项目或计划,可能导致大幅增加农药的使用和随后的环境和健康风险。

3.4.4 政策的要求

(1) 借款方强调病虫害管理问题是项目环评的一部分。
(2) 世行评估借款国的监管框架和机构能力,促进安全、有效、环保的害虫管理。
(3) 如果/必要时,银行和借款人可能会将能力建设内容包含在项目中。
(4) 取决于评估相关风险的性质和程度,考虑建议使用量和预定的用户。
(5) 农药的环境和健康风险必须评估,考虑适当的替代方案设计或采纳适当的缓解措施。
(6) 农药的采购,农药融资前必须建立一个可接受的,符合 OP 4.09 病虫害管理选择标准的清单。
(7) 对于任何由世行采购的农药都必须按照世行认为可行的标准进行制造、包装、贴标签、搬运、储藏、处理和操作。
(8) 当融资购买大量的农药时,必须制订一个病虫害管理计划(在评估时 PMP 必须获得世行的认可)。

(9) 在帮助借款方管理影响农业或公共卫生的害虫时,世行支持尽可能采用生物或环境的方法,逐渐降低对合成化学农药的依赖。

(10) 在农业项目中,一般是用综合病虫害管理方法来控制害虫种群,如生物治理,当地习惯作法以及研发和使用抗、耐害虫的多种作物品种。

(11) 在公共健康项目中,世行支持采用病菌综合管理方法和环境的方法控制病原体(例如排水、绿化、水生杂草管理、农业和水资源管理作法)。

3.4.5　病虫害综合治理与病虫害管理计划介绍

项目融资购买的农药使用基于 IPM(病虫害综合治理)是有效的。

(1) 病虫害综合治理的定义:

病虫害综合治理:一个全面的害虫防治方法,为保持环境质量,使用组合方法来降低病害虫可容忍的水平。

(2) 病虫害综合治理的特点:

①基于生态(在生产系统中的管理);

②管理与消灭;

③依赖多个策略与"银弹"方法(化学农药)。

(3) 对 PMP(病虫害管理计划)的要求:

①项目环境评价中要重视害虫和农药管理问题;

②当项目活动导致重大的病虫害管理问题时,需要制订一个单独的病虫害管理计划。

(4) 需要制订 PMP(病虫害管理计划)的条件:

①提出采购相对危险的害虫防治产品或方法;

②提出融资的害虫防治产品构成了项目的很大一部分(如蝗虫、鸟、啮齿动物、蚊虫控制);

③特定的环境或健康问题(即接近保护区或重要的水生资源,工人安全);

④土地的新用途或改变区域的耕作方式;

⑤显著扩张到新的领域(例如大豆在南美、棉花在非洲);

⑥农业新作物多样化,或强化现有的低技术系统。

(5) 注意事项:

世行一般很少要求专门的有正面或负面影响的名单,但一般认可和接受(有变化或无变化)所在国正在使用的经过注册的农药名单(像大多数国家服从世界卫生组织、联合国粮农组织和别的国际公约)。但是世行要求使用中注意安全:有经验的使用者/农场工人;安全/防护装备;贮存管理。

3.4.6 政策应用案例

(1) 项目名称

项目名称:世界银行贷款可持续发展农业项目。

(2) 项目目标

项目主要针对项目区农作物病虫害发生情况,在提高项目区病虫害相关农业基础设施建设的同时,引进、示范和推广当今世界病虫害防治的关键新技术、生物防治产品和抗病新品种,有效控制病虫害的发生,减少损失,实现农作物安全可持续发展。

(3) 项目内容

项目范围涉及国内 6 个省、34 个县区。主要内容是建设高标准的农田以及配套的水利设施;示范、推广适应与减缓气候变化的农业措施;机构发展和支持。

(4) 涉及的环境政策

① OP4.01 环境评价;

② OP4.09 病虫害管理。

由于项目中涉及了农药的采购和使用,因此触发了世行安保政策 OP4.09。

(5) 项目分类

A 类,全部评价。

(6) 环境文件。

环境文件包括环境评价报告、环境管理计划、病虫害管理计划。下面以某省病虫害管理计划为例,介绍其主要内容:

①项目背景;

②××省项目区病虫害综合管理计划;

③病虫害综合管理计划实施方案;

④工作计划及费用安排;

⑤执行情况及监测评价。

(7) 公众咨询

由于是 A 类项目,根据世行 BP17.50 信息公开的规定,本项目做了二次公众参与调查。第一次建设单位在政府网站及各省财政厅网站上进行了公示,介绍了项目概况,并识别了项目潜在的影响。在病虫害管理计划完成后,对其全文进行了第二次公示,同时召开了公众座谈会及问卷调查,问卷调查包括个人调查与团体调查,调查结果显示高达 98% 以上的民众均支持该项目的建设。

3.5 OP4.11 物质文化资源

3.5.1 物质文化资源的定义及特点

物质文化资源可定义为具有考古学、古脊椎动物学、历史、建筑学、宗教、美学或其他文化意义的可移动的或不可移动的物体、遗址、建筑物、建筑群或自然物和地貌。根据 OP4.11 物质文化资源,物质文化资源并不包括不可见文化,比如:音乐、舞蹈、语言、知识体系等。

物质文化资源的特点:位于城市或农村;位于地上或地下,或水下;与过去或当前文化有关;具有国家/省级/地方级别的意义或国际意义;经常是没有登记、没有记录或在地图上没有标识;一旦消失,则无法替代。

3.5.2 政策的目标

平衡保护与发展的需要;文化的意义,不仅仅是经济的价值;加强项目活动的正面影响,发现和记录文化资源,确定文化资源的社会和经济价值。

3.5.3 政策的触发条件

(1) 项目是否会涉及重大的开挖、拆除、地层的移动、淹没或者别的一些环境的改变。

(2) 或是被借款方当局认定的物质文化资源保护区内或附近。

(3) 或是专门针对物质文化资源管理的项目。

如果项目符合上面三点中提到的任意一点,则该项目触发 OP4.11(物质文化资源)。

凡是涉及道路扩建、水力发电项目——包括水坝和水库、市政项目——包括供水/排水/交通沿海项目——包括海港/渔港/填海、文化遗产项目——包括文化遗产保护项目均有可能触发世行 OP4.11 物质文化资源政策。

3.5.4 实现政策目标的机制

贷款方在世行项目中非常强调对物质文化资源的影响。在项目鉴别期,进行初步的筛选,判断项目是否触发 OP4.11 物质文化资源。在筛选过程中,项目团队将确定:(1) 项目是否会涉及重大的开挖、拆除、地层的移动、淹没或者别的一些环境的改变;(2) 或是被借款方当局认定的物质文化资源保护区内或附近;(3) 或是专门针对物质文化资源管理的项目。如果项目符合上面三点中提到的任意一点,则该项目触发物质文化资源政策,并会被划分为OP4.01环境评价中认定的A类或B类项目。

在环评工作大纲制定期间,借款方就应该识别出项目是否会涉及物质文化资源问题,如果有涉及,就应在环评报告中加以考虑,这样的工作通常在现场,和相关专家以及受项目影响团体咨询时确定。

1. 物质文化资源工具

物质文化资源管理计划是适用于全部A类项目和全部B类项目的工具,是项目环评报告的不可缺少的一部分。其主要内容包括:避免或减缓不利影响的措施;偶然发现程序;必要的机构能力加强措施;整个项目过程的监测计划。同时,物质文化资源管理计划不能违背相关国家的政策、法律。

2. 公众咨询

物质文化资源的公众咨询是环评报告中公众咨询的一部分。许多物质文化资源并没有在文献中记载或立法加以保护,因此公众咨询就是一个很重要的途径,用来了解这些物质文化资源的现状及其重要性,评估其潜在的影响,并探索消减的措施。咨询的对象主要是项目影响的群体、当地政府组织(比如文物保护部门)和非政府组织。具体的咨询方式和频次参看OP4.01环境评价部分。

3. 信息公开

对于在项目中涉及的物质文化资源,其信息并不能做到完全公开,这需要咨询相关的专家,看看公开后是否会危害到相关物质文化资源的安全性和完整性,另外,涉及物质文化资源的敏感信息,比如具体的位置、该资源的重要价值等这些信息,是可以不在环评报告中公布的。

4. 执行情况汇报

对于那些将物质文化资源管理计划写入保护条款的项目,监督团会评估这些条款的执行情况。在整个项目期间,项目团队会监督物质文化资源管理计划的执行,同时将偶然发现程序记入程序文件中。也会关注在项目进行过程中对偶然发现的物质文化资源可能造成的影响,并将发现结果记录在执行状态和结果报告中。

5. 机构能力建设

如果有必要,项目团队会加强借款人在执行这项政策的能力。尤其在关于物质文化资源的信息、现场培训、机构加强、国际间的合作以及处理偶然发现的快速反应能力。

3.5.5 政策应用案例

1. 案例 1

(1) 项目名称:世界银行贷款××燃气利用项目

(2) 项目目标

改变某省的能源结构,促进节能减排,改善大气环境,提高公众生活和健康水平。

(3) 项目内容

项目包含二大类别,六个子项目,其中二个热电联产子项目,四个城网子项目。范围涉及某省内 6 个县。

(4) 涉及的环境政策

① OP4.01 环境评价。

② OP4.11 物质文化资源。

由于项目厂址位于某市市级文物保护区内,同时厂址所在地某县全境为古脊椎动物化石保护区,因此触发了世行安保政策 OP4.11 物质文化资源。

(5) 项目分类

A 类,全部评价。

(6) 环境文件

环境评价报告、环境管理计划、物质文化资源管理计划。

物质文化资源管理计划主要内容:

①介绍古脊椎动物化石保护区和市级文物概况;

②相关法律和法规;

③项目对古脊椎动物化石保护区和市级文物的影响;

④管理机构;

⑤避免和减缓影响的保护措施;

⑥相关培训;

⑦监测计划。

(7) 公众咨询

由于是 A 类项目,根据世行 BP17.50《信息公开》的规定,本项目做了二次公众参与调查。在公众参与过程中,通过咨询当地的村民、文物专家、文物保护管理处的负责人,确定了项目对市级文物的潜在影响:在施工期,施工机械设备产生的振动可能对市级文物产生不利影响;项目运营期排放的氮氧化物可能对市级文物产生一定的影响;制定的措施如下:施工期尽量不使用大型机械设备,应该多使用小型设备或人工进行,以避免或减小对市级文物的影响;运营期措施,严格控制电厂氮氧化物的排放,加强氮氧化物浓度的监测。

图3-1 市级文物概貌

(8) 能力建设

为了更好地执行物质文化管理计划,项目团队聘请文物专家为项目办、监理人员、监测人员及项目承包人进行了培训,培训内容为文物保护法律法规、施工中偶然发现物质文化资源的处理程序、物质文化管理计划等相关内容。

2. 案例2

项目名称:世界银行贷款江苏省淮河流域重点平原洼地治理项目

世界银行贷款江苏省淮河流域重点平原洼地治理项目进行过程中,泰东河工程在实施过程中,发现了泰东河工程遗址保护问题,因此触发了世行安保政策 OP4.11 物质文化资源。

泰东河在古代曾名为"运盐河""辞郎河"等名称。本次在泰东河沿岸40多公里长范围共发现10处遗址,除了一处遗址有新石器时代遗存外,其余均为唐宋至明清时期遗址。如此多的遗址集中分布在泰东河两岸,应与泰东河的漕运功能有密切关系。

根据南京博物院提供的《泰东河工程文物点文物保护规划》,泰东河工程用地范围内共发现的10个古文化遗址涉及盐城市所属东台市和泰州市所属兴化市、姜堰市等3地。其中:

(1) 东台市7个遗址。分别为东台镇晏溪河遗址、广山镇辞郎村遗址、广山镇蓼云村遗址、台南镇泰河村遗址、时堰镇新稽村遗址、时堰镇陶庄四组遗址和陶庄五组遗址。

（2）兴化市2个遗址。分别为张郭镇郭西遗址、张郭镇蒋家舍遗址（部分遗址属东台市时堰镇）。

（3）姜堰市1个遗址。俞垛镇姜茅村遗址。

通过发掘，大多数遗址内发现了丰富的遗迹，出土了大量的文物。这些重要的实物资料对里下河地区经济文化发展史、盐运史以及泰东河的形成和发展等各个方面的研究提供了非常重要的资料。泰东河发现的遗迹及文物见图3-2、图3-3。

图3-2　晏溪河遗址发掘现场

图3-3　泰河村遗址发掘探方

世行安保政策 OP4.11 物质文化资源主要目标之一是平衡保护与发展的需要，保护文化遗产免受项目活动带来的不利影响，并且为其保护工作提供支持。

江苏省淮河流域重点平原洼地治理项目在建设过程中偶然遇到了一些考古发现，这些考古遗址之后被证明是中国考古历史上十个最伟大的发现之一，这个发现象征着"良渚文明"，填充了中国历史上的一个重大的空白。在许多情况下，这样的发现会在项目当局和遗产资源保护论者之间制造冲突，进而导致项目的延迟或考古发现的破坏。江苏省淮河流域重点平原洼地治理项目遇到这个情况时，根据世行政策立即启动偶然发现程序，立即展开勘测调查，并且又为这些调查配置了一定的经费。紧接着通知了相关国家当局并获得了 1 000 万人民币来进行彻底和系统的挖掘、深入的研究和抢救遗址的计划。

文物和文化遗产是不可再生的资源，保护文化遗产功在当代，利在千秋。在科学发展观精神的统领下，不仅要追求经济和物质的大繁荣，而且需要文化和精神的大繁荣，需要社会和自然的和谐共处，需要历史文化遗产与现在文明的协调融合。

江苏省、市文物部门和项目建设方真诚合作，共同实现了"既有利于文物保护、又有利于工程建设"的双赢目标，在水利基本建设工程促进社会经济发展、保地方平安的同时，也使文化遗产保护步入良性循环的轨道，成为江苏地方经济可持续发展的重要资源，为构建和谐社会共同作出应有的贡献。

3.6 OP4.36 林业

3.6.1 森林的定义

森林是指一个面积不小于 1 公顷的树林区域，对树的要求是有可能在长成以后最少达到 2 米高度，树冠投影面积超过总占地面积的 10%。森林也包括所有符合面积要求的种植园，即使其未达到 10% 树冠投影面积或 2 米树高，因为它们只是因暂时的人工干预（如收割）或自然原因而空缺，但预计会转变为森林。此外，在森林覆盖率低的国家，森林的定义可以拓展到包括树木树冠密度低于 10% 的，但在当地条件下被认为是森林。

但是，像农业、放牧或定居等不依赖树林覆盖为主的土地使用，不算作森林。

3.6.2 政策的目标

本政策的目标是帮助借款方利用森林的潜力，以可持续的方式减少贫困，有效地将森林资源纳入可持续的经济发展，以及保护重要的当地和全球性的环境服务和森林的价值。

如果森林的恢复和人工林的发展对于实现这些目标是必不可少的,世行即应帮助借款方开展森林恢复活动,以维持或加强生物多样性和生态系统功能。世行还应帮助借款方建立和可持续的地管理森林植被,以帮助满足不断增长的对森林产品和服务的要求。

3.6.3 政策的触发条件

符合以下条件之一,即触发世行森林保护政策:
(1) 对森林的健康和质量可能产生影响的项目。
(2) 影响人们的权利和福利及其对森林具有依赖性或与森林相互依存的项目。
(3) 旨在改变天然林或人工林(不论其是国家、私人或集体所有)的管理、保护和利用的项目。

3.6.4 实现政策目标的机制

一旦触发森林保护政策,首先应对森林进行分类,判断世行是否支持该项目;如果世行支持该项目,又需要满足哪些条件。
(1) 对于那些世行认为会造成重要森林地域或有关重要的自然栖息地转化或退化的项目,世行将不提供融资。如果世行认为某个项目造成的这种改观或退化不是至关重要的,而且世行认为对于该项目及其选址不存在替代方案,并且综合研究显示总体看来项目的好处会大于其环境成本时,世行才会在其制订了适当消减措施的前提下对此项目提供融资。
(2) 对于那些违反有关国际环境协议的项目,世行将不予融资。
(3) 对于会造成重要的自然栖息地(包括邻近或下游重要的自然栖息地)转化或退化的人工林,世行将不提供融资。世行在向人工林提供融资时,会优先考虑将此项目安排在无林地或是已被转化的土地上(不包括为项目的实施而加以转化的土地)。鉴于人工林项目可能引入外来物种并威胁到生物多样性,这种项目的设计须考虑到避免和减少对自然栖息地可能造成的威胁。
(4) 世行只有在根据适用的环境评估或其他有关信息确定受采伐影响的地区不是重要的森林或相关的重要自然栖息地时,才会对商业性的采伐经营提供融资。
要符合世行的融资条件,工业化规模的商业采伐经营还须:
① 经世行接受的独立森林认证制度认证,符合负责任的森林管理和使用标准;或
② 在此独立森林认证制度下的预评估认为此项经营尚不符合第 9 款(a)项的规定的情况下,则须执行世行所接受的为实现符合此标准的认证而制订的有时间限制的分阶段行动计划。

（5）森林认证制度要为世行所接受，须满足以下条件：

①遵守有关法律；

②承认并尊重法律规定或习惯上的土地占有和使用权以及原住民和劳动者的权利；

③维持或强化健康和有效的社区关系的措施；

④保护生物多样性和生态功能；

⑤采取措施维护或加强森林产生的有利于环境的多重效益；

⑥避免或最大限度地减少由于森林的使用而造成的对环境的负面影响；

⑦有效地森林管理计划；

⑧对相关森林管理地域进行积极的监测和评估；

⑨对受此业务影响的重要的森林地域和其他重要的自然栖息地进行维护。

（6）除了第5款的规定之外，森林认证制度须是独立的、具有有效成本并基于客观和可测算的业绩标准，并应符合可持续森林管理的国际通行原则和准则。此制度须规定对森林的管理业绩进行独立的、第三方评估。此外，该制度的标准的制定须由当地群众和社区、原住民、代表消费者、生产者及保护方利益的非政府组织以及其他公民社会成员（包括私营业部门）的充分参与。认证制度的决策程序须是公正、透明、独立的，并应避免利益冲突。

（7）世行可对由小规模土地持有人、社区森林管理制度下的当地社区或在森林共管安排下的企业从事的采伐经营业提供融资，条件是：

①符合在受影响的当地社区有效参与下制定的森林管理标准，或

②执行了一项有时间限制的分阶段行动计划以达到此标准。此行动计划的制订须受影响的当地社区的参与并且须被世行所接受。

借款方应在当地受影响社区的参与下对所有这种业务进行监督。

（8）在项目设计中，投资项目的环境评估应按OP4.01环境评价的规定，处理好该项目对森林以及或当地社区权利和福利的潜在影响。

（9）对于提请世行融资并涉及森林管理的项目，借款方须向世行提供借款方森林部门总体政策框架、国家立法、机构能力以及与森林有关的贫困、社会、经济或环境等到方面的信息。此信息应包括该国国家森林计划或其他有关由国家主导的程序方面的信息。借款方应基于此信息和项目环境评估，针对项目采取必要的措施，强化财政、法律和机构框架，以实现项目的经济、环境和社会目标。这些措施应处理好政府、经营部门和当地人群各自的作用和法律权利。对于那些能够充分利用森林的潜力并以可持续方式减少贫困的小规模的、社区层的管理措施，应予以优先考虑。

（10）对于那些利用森林资源或提供环境服务的项目，其设计应评估新市场开发前景、非木材森林产品和有关森林产品和服务的营销安排，并应考虑到管理良好的森

林所提供的各类产品和环境服务。具体包括以下方面：

①当地居民的权利和福利（位于或临近森林的居民，对森林有极大的依赖或与森林有极高的相互依存关系）。

②种植必须考虑引进入侵物种的潜在风险。

③涉及森林管理的项目，必须包含解决政府，私人部门和当地居民的各方法律责任和作用的问题。

3.6.5 政策应用案例

项目：某野生动物保护景观方法项目

项目目标和全球环境目标：在中国远东地区的优先生态地域创造适宜的生态条件，恢复受威胁的生物多样性，以东北虎为指标。

项目内容：

子项目1：野生动物保护的跨行业的机构协调：(1)政策和规划（确定保护老虎的优先栖息地、省级保护区和恢复计划区，开发/更新政策和规则以减少人虎冲突）；(2)机构设立（建立一个东北野生动物保护机构），提升中俄合作，促进老虎保护（例如，促进联合反偷猎活动，员工培训和加强统计）。

子项目2：在长白山地区建立生态系统保护，并提高栖息地保护的效果：(1)提升现有4个自然保护区的管理的有效性（设备、管理计划、计划调节和培训）；(2)建立3个新的自然保护区（在材料的准备和应用、过程、有限投资方面支持其中2个自然保护区）；(3)栖息地修复（增加猎物种群、植树造林、清除陷阱）；(4)技术监测（野生动物/猫科动物/猎物等）。

涉及的环境政策：

OP4.01 环境评价

OP4.04 自然栖息地：项目涉及对现有保护区的管理效果的提升及建立新的保护区，按照政策都是关键的自然栖息地，并且项目包括猎物的放养，对保护区的生态平衡产生影响。

OP4.36 林业政策：项目包括了使用当地物种进行有限的造林，不会对自然林造成改变，不会导致商业的林业活动或引进外来物种。但是项目会对当地居民的权利和对森林的依赖程度产生影响。

OP4.09 病虫害管理：项目包括植被恢复、人工造林和苗圃等，会潜在增加农药的使用。

项目分类：B类，部分评价。

环境文件：环境影响评价报告、环境管理计划、病虫害管理计划。

分析：在项目设计时，避开了保护区（核心区，缓冲区和试验区），只是在碎片化的生态区域之间建立通道,并与俄罗斯的豹类保护区连接;在现有保护区只开展"软活动"。

报告的准备:

筛选:经过与当地受影响的村民,林业种植户,和林业局的广泛的咨询,确定项目的最主要的潜在影响是:由于加强对保护区的管理,限制进入保护区,上述的受影响人的收入会受到影响(对森林的依赖水平受到影响)。

措施:编制了一份框架,对受影响的村民/个人和潜在的影响/措施,在实施阶段进行进一步的确认。制订一份由村民和当地政府部门共同参与的管理计划及村庄发展计划,以达到社区和政府之间的双赢。

3.7 OP4.37 大坝安全

3.7.1 大坝安全的定义

根据《世界大坝登记册》在编制大坝清单时所采用的标准,大坝既包括为开发利用河流水力资源,在河道修建的挡水建筑物,例如为发电、供水、灌溉、防洪或多种用途建造的蓄水坝;也包括为矿山项目建造的尾矿坝或拦泥坝;或为热电厂建造的储灰坝。

坝按时间分为新建坝、已建和在建坝,按规模分为小型坝和大坝。

(1) 小型坝的高度一般不到15米。例如,这类坝包括农用塘坝、拦沙坝以及小型蓄水池的围堤。

(2) 大坝指高度达到或超过15米的坝。高度为10~15米的坝如果在设计上具有特别的复杂性,例如需要非常高的洪水调蓄能力、位于高地震烈度区、坝基复杂难以处理或需要拦蓄有毒物质,则也被作为大坝对待。高度在10米以下的坝,如果预计在运行期间会成为大坝,比如被加高,也将被作为大坝对待。

世行关心大坝,是因为大坝如果不能正常发挥功能或出现事故,将产生严重的后果。世行关注其资助建造的新坝和其所资助项目依靠的已建大坝的安全。无论任何大坝,无论其资金来源或建设阶段如何,其所有人均有责任在大坝的整个寿命期间保证采取适当的措施并提供足够的资源,以确保大坝的安全。这里的所有人可以是国家政府、地方政府、准政府机构、私营业公司或若干实体的联合体。某个实体如果拥有经营业大坝的许可并对其安全负责,即使不拥有坝址、大坝和/或水库的法定产权,也属于"所有人"的范畴。

3.7.2 政策的目标

世行大坝政策的目标是要求借款人在大坝及相关建筑物的设计、招标、施工和运行维护过程中采纳并实施必要的大坝安全措施,以确保所涉及大坝在全生命周期的安全。

对新建坝——确保有经验和有能力的专业的设计、监理和施工;借款人在项目的设计、招标、建设、运行和维护等工作中采用了大坝安全方法;

对已建和在建大坝——确保大坝安全政策包含所有对项目产生影响的大坝,并且完成大坝安全评估。必要时采取相应的大坝安全措施和除险加固措施。

3.7.3 政策的触发条件

什么样的大坝涉及世行大坝安全政策?

借款人向世行提出的项目中有大型坝或高危坝(见 3.7.1 大坝定义),则触发大坝安全政策。新建坝和已建坝都可能涉及该政策。

任何类型的新建坝都涉及该政策。至于已建坝和在建坝,只要其与世行项目相关联,即世行项目所建工程依赖这些已建坝或在建坝的正常运行(蓄水),或这些已建坝万一失事或运行不当,就可能给世行贷款项目造成重大损害。比如:电站和供水工程;引水工程或下游的水力设施;灌溉供水工程;其他需要提高已建水库库容的项目。

3.7.4 实现政策目标的机制

1. 不同项目类型对大坝安全的要求

对于小型坝,由合格的工程师制订的通用大坝安全措施即可满足要求。对于大坝,世行则有以下要求:

(1)对于新建坝

由独立的大坝安全小组对大坝建设的勘测、设计、施工和初始运行进行审查。

准备和实施详细的大坝安全计划:建设监理和质量保证计划;监测仪器安装计划;运行维护计划和应急预案;招投标阶段对投标商进行资格预审。

大坝建成后进行定期安全检查。

(2)对已建和在建大坝

世行要求借款人安排一个或一个以上独立的大坝安全专家开展以下工作:

①检查评估在建或已建大坝及其附属设施的安全状况以及大坝运行历史;

②检查评估大坝业主的运行维护程序和规章制度;

③提供书面报告,记录对大坝安全的意见和建议,并对大坝安全加固工作或安全

措施提供建议。

如果供款人提供以下证据,世行接受先前对大坝安全的评估结论和建议。

①已经实施有效的大坝安全计划;

②世行满意的全方位的大坝安全检查和评估已经实施并以正式文件形式保存下来。

（3）对需要加固的大坝

①由有能力的专家设计和监理。

②准备和实施详细的大坝安全计划:建设监理和质量保证计划;监测仪器安装计划;运行维护计划和应急预案。

③对于包含大量的和复杂的加固工作的高危坝,世行也要求借款人按照新建坝的要求聘请独立的大坝安全小组。

2. 项目各阶段对大坝安全工作的要求

涉及大坝的项目属于 A 类项目,影响较大,在项目处理、准备、评估、监管等各个阶段均应加强监督管理,采取严格的计划。

（1）项目准备阶段前

①一旦确认项目涉及大坝,双方讨论大坝安全政策;

②确定大坝安全政策涉及的大坝。

（2）项目准备阶段

借款人要做以下工作:

①为工作组提供大坝安全方面的所有资料以及相关的工作大纲(TOR);

②如果需要,聘请一个独立的专家小组(POE)。

世行要做以下工作:

①审查项目的设计报告;

②审查并批复大坝安全小组工作任务大纲(TOR)和大坝安全小组的组成;

③审查与项目大坝安全有关的报告和资料;

④监督检查大坝安全报告的准备情况(四项报告);

⑤作为观察员参与大坝安全小组的会议。

（3）项目评估阶段

借款人要做以下工作:

①提供与大坝安全有关的所有相关资料,包括建设计划和大坝安全计划:施工监测和质量保证计划、仪器安装计划、运行维护和检测计划以及应急预案。

②确保大坝安全专家(小组)正常工作并提供专家报告,包括对已建大坝安全状况的评估,对大坝安全的意见和建议。

③采纳大坝安全小组的意见,制订大坝安全行动计划。

世行要做以下工作：

①审查有关大坝安全的所有资料，包括投资估算、施工计划、采购程序、技术援助安排、环境评价、施工监测和质量保证计划、仪器安装计划、运行维护和检测计划以及应急预案。还包括与大坝安全有关的行动计划，大坝安全专家组的报告（如果有专家组）等。

②如果需要，协助借款人识别培训或技术支持方面的资源。

③保证有关的法定条款已明确包含在专家组的工作大纲、计划及定期检查中。

④保证专家组在招标前审查完项目工作。

（4）项目检查阶段

借款人要做以下工作：

——对新建大坝和正在加固的大坝

①修改完成运行维护计划，并于不晚于水库初次蓄水前 6 个月完成最终运行维护计划；

②准备应急预案，提供给大坝安全小组审查，并于水库初次蓄水前 1 年完成最终应急预案。

——对于已建大坝和在建大坝

①准备大坝安全年度行动计划，总结上一年大坝安全行动，计划下一年大坝安全行动，包括大坝安全专家（小组）提出的对大坝加固或安全措施的建议；

②准备大坝安全年度报告。

世行要做以下工作：

①监督贷款协议中的大坝安全条款，如有任何应该修改的缺陷，应及时通知借款人；

②作为观察员参加专家组会议；

③评估借款人的表现；

④在适当的时候进行政策对话，以提高全国大坝安全管理水平。

（5）项目竣工以后

借款人要做以下工作：

①一直保持对防洪和应急准备的规章制度；

②大坝建成后定期检查大坝安全状况；

③在大坝的生命周期内定期更新大坝安全标准。

世行要做以下工作：

总部可能派团对项目进行安全检查。

3. 世行大坝安全政策要注重的关键问题

（1）由有经验和能胜任的工程师参与设计和施工监理，在此要求独立的专家小组审查项目概念、设计和施工。

（2）做好详细计划的准备和实施工作，包括施工监测和质量保证计划、仪器安装计划、运行维护和检测计划以及应急预案。

（3）在采购和招标期间对投标人进行资格预审。

（4）在施工完成后，由合格的独立专家开展定期检查。

4. 关于大坝安全小组

（1）不受政府或大坝所有人的制约。

（2）由借款人任命并与之签订合同，被世行所接受。

（3）由不同技术领域的3个或更多的专家组成。

（4）审查大坝安全事项和其他涉及大坝、附属建筑物、集水区、水库周围地区和下游地区等关键问题，向借款人提供咨询意见。

（5）在大坝的勘测、设计、施工、初次蓄水和初期运行阶段，定期举办专家小组会议。

5. 大坝安全报告

包括：建设监理和质量保障计划；检测仪器安装计划；运行、维护和监测计划；淹没图；应急预案。

（1）施工监督和质量保证计划

对新建大坝和除险加固工程，包括：组织安排、人员安排、工作程序、所需设备、监理和施工的资质要求等。

对蓄水工程以外的水库，施工期内随着坝体增高对监理的要求和建筑材料的变化。

项目评估时提交世行。

（2）仪器仪表计划

仪器安装的详细计划。用以监测和记录大坝活动以及有关的水文气象、结构以及地震因素。

在设计阶段、招标前提交世行和大坝安全小组。

（3）操作和维护计划

包括：组织机构安排、人员配备、技术标准、培训要求；运行和维护大坝所需的设备设施；运行维护程序；运行维护资金安排，包括长期和维护和安全检查。

对蓄水工程以外的大坝，反映坝体结构的变化、材料的特性等。

项目评估阶段提交运行维护和监测初步计划；并在实施期修改完善。

终稿在水库下闸蓄水前6个月完成。

（4）应急预案

该计划明确即将溃坝时，或下泄水流威胁下游群众生命、财产安全及依赖于水库的经济设施时有关各方的责任。

包括：明确规定大坝运行决策的责任以及有关应急通信的责任；各种紧急情况下的洪水淹没图；洪水预警系统的特点；疏散的程序；应急力量和设备的启动程序。

项目评估前向世行提交应急预案的编制大纲和编制费用估算；项目实施过程中编写、修改。

终稿于初次下闸蓄水一年前提交世行和大坝安全小组。

3.7.5 政策应用案例

项目1：三峡大坝，世界银行并没有向三峡大坝项目贷款，因为该项目被认为对环境与周边社会有模糊影响，即这是一个有争议的项目。

项目2：鲁布革电站是我国在20世纪80年代初首次利用世界银行贷款并实行国际招投标、引进国外先进设备和技术建设的电站，被誉为中国水电基本建设工程对外开放的"窗口"。1984年，我国首次利用世界银行贷款，首次按照国际惯例对引水系统工程实行国际招标建成了鲁布革水电站。鲁布革工程全面引入竞争机制，采用现代化建设项目管理模式，如项目经理制、监理制等，其先进高效的建设实践对当时我国工程建设在管理体制、劳动生产率和报酬分配等方面产生了重大影响，促进了中国水电建设管理体制改革，亦称"鲁布革冲击波"。

项目3：二滩水电站地处中国四川省，水电站最大坝高240米，水库正常蓄水位海拔1 200米，总库容58亿立方米。1991年9月开工，1998年7月第一台机组发电，2000年完工，是中国在20世纪建成投产最大的电站，是世界银行对单个工程贷款最多的项目。

3.8 OP7.50 国际水道

3.8.1 国际水道的定义

国际水道有以下三种：(1) 任何形成两个或更多个国家之间的边界的河流、运河、湖泊或类似水体，或任何流经两个或更多个国家的河流或地表水体，无论这些国家是否世行成员国；(2) 作为上述任何水道的组成部分的任何支流或其他地表水体；(3) 任何有两个或更多个沿岸国的海湾和海峡，或虽然位于一个国家的境内，但被视为公海与其他国家之间的必要通道的海湾和海峡，以及任何流入这些水域的河流。

3.8.2 政策的目标

有效的利用和保护国际水道,保护世行同借款国以及借款国之间的相互关系。

3.8.3 政策的触发条件

以下两种情况会触发政策:(1)使用或可能污染国际水道的水电、灌溉、防洪、航行、排水、用水和排污、工业以及类似项目;(2)就使用或可能污染国际水道的水电、灌溉、防洪、航行、排水、用水和排污、工业以及类似项目进行的详细的设计和工程研究活动,包括将由世行作为执行机构或以其他方式进行的活动。目前,对于涉及国际水道的项目,中国政府放弃使用世行贷款。

3.9 OP7.60 有争议地区

3.9.1 有争议地区

有争议地区不仅涉及世界银行及成员国,也涉及项目执行的两个国家和其他邻国之间的争议地区。

3.9.2 政策的目标

当项目位于有争议地区时,在项目开始的初期处理有争议地区的争议,确保项目的选址对于世行和相关国家都没有偏见,同时保护世界银行和相关国家。

3.9.3 政策的触发条件

对于在争议地区内的项目要触发该政策。世行仅支持相关争议政府均同意,且愿意搁置现有争议,对相关国家均没有偏见的涉及有争议地区的项目。目前,对于涉及有争议地区的项目,中国政府放弃使用世行贷款。

第 4 章　世界银行环境与社会框架

4.1　环境与社会框架概述

4.1.1　环境与社会框架介绍

世界银行于 2016 年 8 月 4 日最新颁布的《环境与社会框架》(Environmental and Social Framework)，主要内容包括可持续发展愿景、世界银行投资项目的环境和社会相关政策以及一系列环境和社会标准等。从 2018 年 1 月 1 日起准备的项目执行《环境与社会框架》，2018 年 1 月 1 日前准备的项目仍沿用 OP 系列环境安全保障政策。

新颁布的这些政策和标准专门设计来支持借款方进行世行贷款项目的准备和实施管理，以最终终结项目区极端贫困并促进繁荣共享。其中投资项目的环境和社会相关政策，是世界银行方必须满足的一些规定和要求，而环境和社会标准则是借款方或是项目执行单位必须满足的一些规定和要求，尤其是对项目所引起的环境和社会风险或影响的识别和评估上的规定和要求。世界银行认为这些标准的实施，有助于协助借款方实现脱贫和可持续发展的目标，因为这些标准有助于：(1) 借款方在环境和社会可持续性方面实施国际上好的做法；(2) 借款方在环境和社会方面履行其国内和国际义务；(3) 加强公平、公开、参与、责任和治理水平；(4) 通过利益相关者的参与，强化可持续性发展成果。

这一系列标准共有 10 个，其内容涵盖了世行贷款项目周期的全范围。其中包括：

标准一(ESS1)环境和社会风险与影响的评估和管理；

标准二(ESS2)劳工和工作环境；

标准三(ESS3)资源效益及污染防治与管理；

标准四(ESS4)社区健康与安全；

标准五(ESS5)征地及对土地使用和非自愿移民的限制；

标准六(ESS6)生物多样性保护和自然资源的可持续管理；

标准七(ESS7)原住民/撒哈拉以南非洲服务水平低的传统地方社区；

标准八(ESS8)文化遗产；

标准九(ESS9)金融中间机构；

标准十(ESS10)利益相关者的参与和信息公开。

这些标准中,标准一适用于所有使用世界银行贷款的投资项目。标准一特别强调了一些工作的重要性,包括:(1)利用借款方现有环境和社会框架在评估项目风险和影响;(2)在风险和影响识别过程中采用综合环境和社会的评估方法;(3)通过项目信息的公示、公众参与和反馈实现有效的社区参与;以及(4)在项目的全生命周期内强化环境和社会风险与影响的管理等等。世界银行要求项目的所有环境和社会风险与影响,都要按照标准一的要求进行评估。其他九个标准(ESS2～ESS10)则规定了借款方在识别环境和社会风险与影响过程中其他一些特别需要注意的义务。

4.1.2 环境与社会框架和现有安保政策的联系与区别

环境与社会框架与现有安保政策均是围绕世行消除贫困和共享繁荣的宗旨,二者的设立均是为了避免或减小项目的环境和社会影响,同时完善项目设计和提供执行工作的效率,并最终保护借款国和世界银行的信誉。ESS1(环境和社会风险与影响的评估和管理)与OP4.01(环境评价)类似,要求项目对环境和社会方面风险和影响进行考虑,确保项目在环境和社会方面的合理性并满足可持续发展的要求,进一步来帮助项目决策。ESS2(劳工和工作环境)对安保政策里未提出的劳工条件提出了要求,主要是劳资关系、工作条件、机会平等、申诉机制等方面的要求。ESS3(资源效益及污染防治与管理)强调促进资源的可持续利用,并对资源利用率、污染防治和管理、危险化学品的管理、病虫害管理等方面做了原则性的规定,包含了OP4.09(病虫害管理)的相关内容。ESS4(社区健康与安全)提出保证社区的健康和安全,并将OP4.37(大坝安全)相关内容纳入。ESS5(征地及对土地使用和非自愿移民的限制)涉及了原安保政策OP4.12(非自愿移民)相关内容。ESS6(生物多样性保护和自然资源的可持续管理)包含了OP4.04(自然栖息地)和OP4.36(林业)相关内容,并强调了生物多样性的保护。ESS7(原住民/撒哈拉以南非洲服务水平低的传统地方社区)内容和OP4.10(土著民族)类似,提出了对土著居民等一些弱势群体的保护要求。ESS8(文化遗产)关注项目涉及物质文化遗产时世行的要求与处理方式,与OP4.11(物质文化资源)内容类似。ESS9(金融中间机构)提出了对金融中介贷款项目的环境和社会影响、管理、监测的条款。ESS10(利益相关者的参与和信息公开)阐述了世行贷款项目在公众咨询和信息公开方面的要求,与原有安保政策的要求类似。综上所述,环境与社会框架与OP系列安保政策在内容方面大体相似,原则也没有变化,但环境与社会框架增加了对劳工和工作条件的保护标准,更多的关注了社会影响,加强了对资源利用效率的要求。

4.2 ESS1 环境和社会风险与影响的评估和管理

4.2.1 标准介绍

ESS1 环境和社会风险与影响的评估和管理明确了世行贷款项目中借款人在环境和社会方面的责任,帮助借款人管理项目的环境和社会风险和影响。最终确保项目在环境和社会方面的合理性并满足可持续发展的要求。同时通过标准要求的环境和社会评价来帮助项目决策。

4.2.2 ESS1 环境和社会风险与影响的评估和管理与 OP4.01 环境评价的对比

实现 OP4.01 和 ESS1 标准目标的过程类似。二者均是在项目鉴别期,进行初步的环境筛选,并进行项目分类。之后进入项目准备期,借款人通过环境和社会评价来考虑和解决项目主要的环境和社会影响。OP4.01 和 ESS1 均规定了项目环境和社会评价过程中使用的工具,并提出了项目评价过程中对公众咨询、信息公开、环评机构的选择及能力等方面的要求。项目进入实施阶段后,OP4.01 和 ESS1 都要求借款人向世界银行报告环境和社会方面的相关情况。不同的是,ESS1 更关注社会影响,在项目分类、评价工具的选择、评价的要求、实施期依据、公众咨询与信息公开等方面与 OP4.01 有细微的区别。

1. 目标和总体要求的对比

ESS1 要求借款人识别、评估、管理项目的环境与社会风险和影响。首先对这些影响进行预测和避免,当不可避免的时候减缓这些影响至可接受的程度,在技术和经济可行的前提下,补偿或抵消这些影响。最终目标是将不利的环境和社会影响控制在可接受的程度,共享项目利益,提高项目的环境效益和社会效益。而 OP4.01 为了确保世界银行贷款项目在环境方面良好并具有可持续性,同时帮助项目决策。OP4.01 要求进行环境评价,评价综合考虑环境和社会因素,并与技术、经济、财务等方面结合考虑。对于不利影响,世行总是先支持预防措施,其次才是缓解或补偿措施。ESS1 与 OP4.01 目标和总体要求基本一致,只是 ESS1 更加强调社会方面的影响。

2. 适用范围对比

OP4.01 适用于以下类型的贷款:投资贷款、社区驱动发展和社会基金、金融中介贷款、碳基金贷款、紧急恢复贷款、全球环境基金、信托基金贷款、技术援助。ESS1 适用于投资贷款、技术援助、金融中介贷款、世行和多边或双边机构共同贷款、与世行贷款项目相关的设施。二者均不适用于发展政策贷款和结果规划贷款。

3. 项目分类对比

OP4.01(环境评价)根据项目的类型、位置、敏感度、规模以及潜在的环境影响的特性和大小,将项目分为四类:A 类、B 类、C 类、FI 类。而 ESS1 同样根据项目的类型、位置、敏感度、规模以及潜在的环境影响的特性和大小,将项目分为高风险、中等风险和低风险三类,分别对应 OP4.01(环境评价)中 A 类、B 类和 C 类项目,而将原来的 FI 类也纳入到这三个类别中进行管理,同时对于 FI 类的贷款,也专门制定了一个标准。

4. 环境评价要求的对比

OP4.01 要求借款人通过环境评价评估项目影响区域潜在的环境风险和影响;检验项目的替代方案;通过预防、消减、缓解或补偿不利的环境影响以及增强有利力的环境影响的措施来改进项目的筛选、选址、规划、设计和实施等活动;制定项目实施过程中缓解不利影响的措施。ESS1(环境和社会风险与影响的评估和管理)与 OP4.01 对环境评价的总体要求类似,ESS1 更强调社会影响,突出强调了环境、健康和安全(EHS),同时增加了环境和社会保证计划的要求,同时 ESS1 提出了在评价中可全部或部分利用借款人的环境和社会框架。

(1) 环境和社会保证计划

借款人要完成和实施环境和社会保证计划(ESCP),ESCP 要征得世行同意并写入贷款协议,ESCP 要随着项目的变化而进行更新。ESCP 的核心是避免、最小化、减缓或补偿项目潜在的环境与社会风险和影响的措施,ESCP 的内容还包括完成这些措施的管理工具(包括 ESMP、ESMF、操作手册、管理系统等)、实施措施的机构及人员、培训和实施措施的费用估算、对项目变化的处理程序、ESCP 执行情况报告等。

(2) 借款人环境和社会框架的使用

世行允许在项目的评价、发展和实施过程中使用部分或全部借款人现有的环境和社会框架,用来处理项目的风险和影响。被使用的环境和社会框架要满足 ESS 的要求。

如果借款人的环境和管理框架不符合环境和社会标准(ESS)的要求,借款人要和世行商量采取一定的措施来使得环境和社会管理框架符合环境和社会标准 ESS 的要求,同时将这些措施及具体实施的安排和实施时间进度写入环境和社会保证计划(ESCP)。

5. 环境评价工具对比

OP4.01 环境评价中列举的工具有环境影响评价、区域或行业环境评价、环境审计、危害或风险评价、环境管理计划等。不同类型项目使用不同的工具。ESS1（环境和社会风险与影响的评估和管理）囊括了 OP4.01（环境评价）的所有工具，在 OP4.01 工具的内容上除环境外增加了社会方面的要求，同时 ESS1 补充了社会和冲突分析的工具。ESS1 环境评价工具的选择和 OP4.01 相同，其中高风险项目使用 A 类项目工具、中等风险项目使用 B 类项目工具、低风险项目使用 C 类项目工具。

社会和冲突分析

社会和冲突分析是一个工具，适用于以下几种情况：(1) 项目可能激化现有的社会矛盾和不平等（既包括受本项目影响的社区范围内，也包括这些社区与其他社区之间）；(2) 项目可能对社会稳定和人群安全产生负面影响；(3) 现有紧张、冲突和不稳定因素对项目产生负面影响，尤其是在发生战乱、叛乱和动乱的地区。

6. 项目的实施期监测和报告要求对比

OP4.01 规定在项目进入实施阶段后，世行要求借款人报告环境评价结论基础上与世行达成一致的措施，对于 A 类和 B 类项目来说，实施阶段主要依据环境管理计划；对于 C 类和 FI 类项目来说，项目实施期则是依据环境管理框架。项目实施单位向世行报告这些文件中的要求的执行情况。ESS1（环境和社会风险与影响的评估和管理）则明确要求借款人根据贷款协议（包括 ESCP）来监测项目的环境和社会影响，并定期向世行报告环境和社会保证计划（ESCP）的执行情况，频率不少于一年一次；同时对于高风险项目的事故也要向世行报告。

7. 公众咨询和信息公开的要求对比

OP4.01（环境评价）中对于 A 类项目要求至少进行两轮公众咨询，第一轮在环境筛选后不久，环评大纲最终确定之前，将项目相关信息和项目潜在影响告知有关利益方和公众，了解有关利益方和公众对项目的认知和了解程度，以及他们对项目的态度和对有关环境与社会影响的意见。第二轮咨询在环评报告初稿完成之后，咨询主要针对项目的环境影响评价报告初稿进行咨询，将公众的意见和建议向有关方面反映并及时反馈，同时在报告中给予考虑。B 类项目至少需要做第二轮公众咨询和信息发布。ESS1 中要求公众咨询贯穿项目全周期，尽早开始，并需要制订公众咨询计划；对于高风险和重大风险项目，评估之前就包含处理风险和影响的措施及公众咨询情况的环境文件进行利益相关者咨询；增加了项目实施期的公众咨询；强调了申诉机制。

OP4.01 中对于 A 类项目，在第一轮咨询前应发布项目相关信息，提供项目概要材料，材料包括项目目标、内容和潜在的影响。在环评初稿完成之后，应将报告书初稿公之于众，确保受影响人群和非政府组织能得到项目的环评报告。另外，世行收到环评报告但未评估前，也会通过信息中心将报告书公开。对于 B 类项目，至少在环评初稿完成之后，应将报告书草稿公之于众。ESS1（环境和社会风险与影响的评估和管理)要求公众咨询计划初稿尽早公开;对于高风险和重大风险项目,评估之前公开包含处理风险和影响的措施及公众咨询情况的环境文件;增加了项目实施期的信息公开;明确提出了公开 ESCP 的要求。

ESS1 和 OP4.01(环境评价)的对比见表 4-1。

表 4-1 OP4.01 和 ESS1 对比

内容	OP4.01	ESS1	异同点
目标和总体要求	识别、评估、管理项目的环境与社会风险和影响;预测风险和影响,用避免、减缓、补偿的原则去处理这些风险和影响,同时考虑技术和经济可行性	为了确保世界银行贷款项目在环境方面良好并具有可持续性,同时帮助项目决策。要求进行环境评价,评价综合考虑环境和社会因素,并与技术、经济、财务等方面结合考虑。对于不利影响,世行总是先支持预防措施,其次才是缓解或补偿措施	总体目标一致,ESS1 更加强调社会方面的影响
政策的适用范围	适用于投资贷款、社区驱动发展和社会基金、金融中介贷、碳基金贷款、紧急恢复贷款、全球环境基金、信托基金贷款、技术援助,不适用于发展政策贷款和结果规划贷款	适用于投资贷款、技术援助、金融中介贷款、世行和多边或双边机构共同贷款、与世行贷款项目相关的设施,不适用于发展政策贷款和结果规划贷款	适用范围类似
项目分类	根据项目的类型、位置、敏感度、规模以及潜在的环境影响的特性和大小,世行将项目分为四类:A 类、B 类、C 类、FI 类	根据项目的类型、位置、敏感度、规模以及潜在的环境影响的特性和大小,将项目分为高风险、中等风险、低风险	分类方式基本相同,ESS1 中高风险、中等风险和低风险三类,分别对应 OP4.01 中 A 类、B 类和 C 类项目
环境评价要求	评价、管理、监测项目全周期的环境与社会风险和影响,避免、最小化、减缓项目的风险和影响,要求完成环境和社会保证计划(ESCP),满足 EHS 导则的相关要求,考虑借款人环境和社会框架的应用	评估项目影响区域潜在的环境风险和影响,检验项目的替代方案,通过预防、消减、缓解或补偿不利的环境影响以及增强有力的环境影响的措施来改进项目的筛选、选址、规划、设计和实施等活动,制定项目实施过程中缓减和管理不利影响的措施	总体要求类似,ESS1 更强调社会影响,突出强调了 EHS,同时增加了环境和社会保证计划的要求,同时 ESS1 提出了在评价中可全部或部分利用借款人的环境和社会框架

表 4-1

内容	OP4.01	ESS1	异同点
环境评价工具	OP4.01中列举的工具有环境影响评价、区域性或行业环境评价、环境审计、危害或风险评价、环境管理计划等。不同类别的项目使用不同类型的工具	ESS1所列工具有环境和社会影响评价、环境和社会审计、危害或风险评价、社会和冲突分析、环境和社会管理计划、环境和社会管理框架、区域和行业环境评价、战略和社会评价	ESS1囊括了OP4.01的所有工具,在OP4.01工具的内容上除环境外增加了社会方面的要求,同时ESS1补充了社会和冲突分析的工具。高风险项目使用A类项目工具、中等风险项目使用B类项目工具、低风险项目使用C类项目工具。ESS1提出了适用于所有项目的工具ESCP。
项目实施期监测和报告	对于A类和B类项目来说,实施阶段主要依据环境管理计划;对于C类和FI类项目来说,项目实施期则是依据环境管理框架;项目实施单位向世行报告这些文件中的要求的执行情况	借款人根据贷款协议和ESCP来监测项目的环境和社会影响,并定期向世行报告ESCP执行情况,频率不少于一年一次;对于高风险项目的事故要向世行报告	总体要求类似,均要报告贷款协议中的环境条款执行情况,不同的是OP根据环境管理计划和框架(根据项目类别不同),ESS1则根据ESCP。同时ESS1强调了对于高风险项目的事故情况要向世行报告。
公众协商和信息公开	关注受影响的人群和当地的NGO,A类项目公参做至少二次,一次在TOR批准前,另一次环评报告初稿完成后,正式评估前。B类项目至少进行第二轮公众咨询和信息公开	要求公众咨询贯穿项目全周期,尽早开始,制订公众咨询计划,公众咨询计划草稿尽早公开;对于高风险和重大风险项目,评估之前公开包含处理风险和影响的措施及公众咨询情况的环境文件;增加了项目实施期的公众咨询和信息公开;明确提出了公开ESCP的要求;强调了申诉机制	原则一样,ESS无明显的轮次要求,强调全过程,要求制定公众咨询计划;增加了项目实施期公众咨询的要求;增加了对公众咨询计划和ESCP咨询和公开的要求;强调了申诉机制

4.3 ESS2 劳工和工作环境

4.3.1 标准介绍

ESS2 认识到了在减少贫穷和经济增长过程中创造就业机会和收入增长的重要性。标准要求借款人通过公平聘用机会并提供安全和健康的工作条件来促进健全的劳工关系和提高项目的发展效益。世界银行原有 OP 系列安保政策并未对劳工和工作环境方面做出明确的要求,而 ESS2 对工作条件与劳资关系、劳动力保护、申诉机制、职业健康与安全、合同工、社区工作者、供应商工人等方面提出了具体要求,这些要求均在 ESS1 要求的环境和社会评价期间考虑。

4.3.2 标准目标

在工作中促进安全与健康。

促进公平对待项目人员,无歧视和机会平等。

保护项目工人,包括弱势工人,如妇女、残疾人、儿童或根据本标准达到工作年龄的工人、临时工人、合同工、社区工作者、主要供应商工人等。

禁止使用任何形式强迫劳动和使用童工。

在符合国家法律的条件下,支持结社自由和劳资双方代表进行谈判。

为项目工人提供可行的改善工作环境的方法。

4.3.3 标准的适用范围

ESS2(劳工和工作环境)的适用范围取决于借款人与项目工人之间的雇佣关系。"项目工人"包括:

(1) 直接被借款人(包括项目倡议者和项目执行机构)雇佣的专门为本项目工作的人(直接工人)。

(2) 被第三方雇佣,来完成项目核心功能的人,不分地域(短期合同工)。

(3) 借款人的主要供应商雇佣的人(主要供应商工人)。

(4) 被雇佣从事社区劳动的人(社区工作者)。

ESS2(劳工和工作环境)适用的项目工人包括全职的、兼职的、临时的、季节性的、流动的工人,各类工人均由相应条款提出了具体的要求。

4.3.4 标准的要求

1. 工作条件与劳资关系

借款人将制定和实施适用于本项目的书面劳动管理程序,这些程序将陈述项目工人被管理的方法,符合国家法律要求和环境和社会标准(ESS)要求。程序既使得此ESS能够适用于包括直接工人在内的不同种类的项目人员,也使得借款人要求第三方团队根据合同工人的要求来管理他们的工人。

聘用条款和条件:

项目人员将被提供清晰易懂的信息和文件,这些信息和文件将根据国家劳资法陈述他们的权利(包括任何适用的集体协议),包括与工作时间、工资、加班、薪酬和福利等相关的权利,以及那些因环境和社会标准(ESS)而产生的需求。这些信息和文件将在工作关系伊始就提供,并在有任何具体变动时提供。

项目人员将按国家法律及劳动管理程序被支付工资。扣工资的情况只发生在国家法律许可或劳动管理程序许可的范围内,项目人员将被明确告知在何种情况下会被扣工资。项目人员将享受充足的每周休息时间、年假及病假、产假及探亲假,这是国家法律和劳动管理程序明确要求的。

在国家法律或劳动管理程序要求的范围内,项目工作人员将及时收到书面的终止合同通知和详细的离职补偿金,所有终止劳动关系之前的工资收入、社会保障福利、养老金和任何其他权利都会被支付,或者直接给予项目工作人员,或者以符合项目工作人员利益的方式支付。如采用别的方式支付,将会提供支付证据给项目工作人员。

不歧视和机会平等:

与雇佣和对待项目工作人员有关的决定不应建立在与固有的工作要求无关的个人性格基础上。而应建立在同等的机会和公平之上。雇佣关系的任何方面都不允许有歧视,例如招聘、雇佣、薪酬、工作条件及待遇、获得培训的机会、工作分配、升职、合同终止、退休或惩戒措施。劳动管理程序将制定措施并解决骚扰、恐吓和剥削。在国家法律与此条款不一致的地方,项目将尽可能寻求一种与此条款一致的措施并执行。

补救歧视的特殊的保护和援助措施,或者对基于工作固有的要求或项目目标而进行的选择,不应被视为歧视,只要它们与国家法律相一致。

借款人将提供恰当的保护和援助措施来解决项目工作人员的弱势问题,包括特殊人群如妇女、残疾人、农民工和儿童(根据ESS不到工作年龄)。这些措施可能只在某些特殊时期才必要的,取决于项目工作人员的情况和哪些方面弱势。

工人组织：

在一些国家，法律认可工人建立和加入工人组织的权利，对此国家并不干涉，那么项目就按国家法律开展。在这种情况下，合法建立的工人组织和合法的工人代表将被尊重，将向他们及时提供有意义的谈判需要的信息。在国家法律限制工人组织的地方，项目将不限制工人采取替代性的机制来表达他们的不满和保护他们在工作条件和就业方面的权利。借款人不应寻求影响或控制这种权利的替代性机制。借款人不得歧视或报复那些参与工人组织或劳资谈判或替代机制的工人。

2. 保护劳动力

童工的最小年龄：

低于此条款最低年龄的儿童不许参与本项目相关的活动。劳动管理程序将限制年龄定为 14 岁，除非国家法律要求有更高的年龄限值。

超过最低年龄限值且低于 18 岁的儿童只有在以下情况才可以被雇佣：此工作不含在下一条规定的范围内；一个适当的风险评价工作开始之前进行；借款人定期进行了健康检查、工作条件监督、工作时间及其他环境和社会标准（ESS）的要求。

超过最低年龄限值且低于 18 岁的儿童不得从事有危险的、妨碍儿童教育或对儿童的健康、身体、心理、精神、道德和社会发展不利的工作。

强迫劳动：

强迫劳动，包括个人在武力威胁或惩罚下被迫而非自愿从事的任何劳动和服务，不得出现在与项目有关的工作中。禁止任何种类的非自愿或强制劳动，例如：契约劳工、保税劳动或类似的劳动合同，禁止雇佣被贩卖的人口。

3. 申诉机制

申诉机制将被提供给所有的直接工人和合同工人，以提高他们的工作环境。这些工人将被告知申诉机制以及被保护免受报复的措施。这些措施将落实到位，以使申诉机制对于所有的工人都简便易行。

申诉机制须与项目的性质、规模、潜在的风险和环境影响相对称。申诉机制的建立是用来立即解决抱怨，使用一种易于理解的、透明的过程，并使用抱怨者能听懂的语言及时向他们反馈，整个过程独立、公正、无偿。如果现有申诉机制运行适宜，能立即解决抱怨，而且很容易在项目工作人员之间进行沟通，可以不建立新的申诉机制。如果需要，现有申诉机制可以根据项目的具体安排进行增补。

申诉机制不得妨碍其他合法的或按照现有仲裁程序进行的司法和行政救济，也不得替代集体协议产生的申诉机制。

4. 职业健康与安全 OHS

有关职业健康和安全的措施将应用于项目。OHS 措施将包括此部分的要求，并考虑一般的环境健康与安全方面的要求,并且适当考虑行业细分的环境健康与安全要求以及其他因素。项目采取的职业健康与安全措施将被列入法律协定和ESCP(环境和社会保证计划)中。

OHS措施将被制定和实施以解决:(1)识别对项目工人的潜在危害,尤其是那些危及生命的因素;(2)提供预防和保护措施,包括修改、替换或消除危险条件或物质;(3)对项目工作人员进行培训并作好培训记录;(4)用文件报告职业事故和疾病;(5)对突发情况的应急预案及响应情况;(6)对不利影响采取补救措施,比如职业伤害、死亡、残疾和疾病。

所有雇佣项目工人的团队都将制定和实施程序来建立健全并保持一个安全的工作环境,包括他们控制下的工作场所、机械、设备和工艺都是安全的,没有健康风险。包括采用适当化学、物理和生物物质有关的措施。这些团队将与项目工作人员积极合作和协商以促进理解,采用的方法应能实现OHS的要求,并提供信息给项目工作人员,进行职业和健康培训,无偿向项目工作人员提供个人防护设备。

工作流程须落实到位,让项目工作人员可以报告他们认为不安全和不健康的工作状况,如果有合情合理的理由让大家相信他们遇到了迫在眉睫的危险和严重危及生命或健康的情况,可以离开他们的岗位。由于这些原因离开岗位的工作人员不会被要求重返工作岗位,直到采取了必要的纠正措施。项目工作人员不会因报告或离岗而受到惩罚。

项目工作人员将被提供与工作环境相适应的设施,包括食堂、卫生设施及适当的休息区域。向项目工作人员提供住宿的地方,住宿管理和质量的政策将落实到位,以保护和提升工人的健康、安全和福利,并提供服务,满足他们的物质、社会和文化的需要。

如果多个团体雇佣的工人在同一个地方工作,这些团体应合作沟通以符合OHS要求,对不同团体的工人不应有偏见。

职业安全与健康及工作环境的定期审查制度将被落实,包括安全与健康危害和风险的识别,采取有效的方法应对确定的危害和风险,设定优先事项采取行动,并评估结果。

5. 短期合同工

借款人必须做出负责任的努力来查明雇佣项目工人的第三方是合法可靠的实体,且已落实劳动管理程序,使其按环境和社会标准(ESS)的要求工作,以下两条和社区工作者的第一条除外。

借款人将按环境和社会标准(ESS)要求建立程序来管理和监督第三方的业绩。另外,借款人将把ESS的要求纳入与第三方的合同协议中,结合适当的违规行为的补救措施。在分包的情况下,借款人需要求第三方在合同协议中用等效要求和违规行为补救措施去约束分包商。

短期合同工也将获得一个申诉机制,假使第三方不能提供一个申诉机制给其雇佣的工人,借款人将根据环境和社会标准(ESS)使这些短期合同工获得申诉机制。

6. 社区工作者

在许多不同的情况下,项目可能使用社区工作者,例如社区向项目提供劳动服务,或者项目设计和运行的目标就是为了培养社区主导型发展,或者在脆弱的和受战乱影响的地区提供有针对性的援助。鉴于此类项目的性质和目标,并非 ESS2(劳工和工作环境)的所有要求都适用。在所有的情况下,借款人都要采取措施以查明这样的劳动现在或将来是否建立在个人自愿或团体协商的基础上。

于是,在项目包括社区工作者的地方,借款人将应用环境和社会标准(ESS)的相关规定,在某种程度上反映以下情况并与之成正比:

(1) 项目的性质和规模;
(2) 社区工作者参加的特殊项目活动;
(3) 潜在风险的性质及其对社区工作者的影响。

与社区劳动有关的聘用条款和条件、不歧视的机会平等和职业健康与安全将被评估,而且将以能反映以上(1)~(3)的一种模式被应用。这些要求被应用于项目情形中的方式方法将被列在劳动管理程序中。

在准备劳动管理程序过程中,借款人将清晰界定合同条款,包括数量和付款方式以及工作时间,劳动管理程序也将明确指定项目工作人员参与申诉机制的途径。借款人将评估社区工作者的活动所带来的潜在风险和影响。最低限度也要满足一般的环境、健康和安全导则(EHSG)和行业细分的 EHSG 的要求。

借款人将评估是否在社区劳动中存在童工和强迫劳动的情况,明确那些符合以上童工和强迫劳动条款的风险。劳动管理程序将列出监督社区工作者的作用和责任。如发现有童工或强迫劳动现象,借款人须采取适当步骤来补偿。

根据条款审查系统将考虑社区工作者提供的劳动,根据项目的环境、社会风险及影响,以及他们的特殊需求,向他们提供充分的培训。

7. 主要供应商雇佣的工人

作为环境和社会评价的一部分,借款人将识别因主要供应商而出现的潜在风险,包括童工、强迫劳动和可能出现严重的安全问题。

因主要供应商而存在显著童工和强迫劳动的地区,借款人就需要主要供应商根据以上的童工和强迫劳动条款确定这些风险。劳动管理程序将列出监督主要供应商的作用和责任。如果童工和强迫劳动被确定,借款人须要求供应商采取适当的补救措施。

此外,在存在与供应商有关的重大风险和严重安全问题的地方,借款人须要求相关供应商介绍程序并采取减缓措施来解决这样的安全问题。这些程序和措施将被定期审查以确定它们的有效性。

借款人解决这些问题的能力取决于借款人的控制水平或其对供应商的影响。如果已不能补偿,借款人将在一个合理的时间内,更换供应商,换成那些证明自己能满足 ESS 要求的供应商。

4.4 ESS3 资源效益及污染防治与管理

4.4.1 标准介绍

ESS3 认识到经济活动和城市化通常污染空气、水、土地和消费有限的资源,这可能威胁人类、生态系统服务和环境,其危害等级有当地级、区域级和全球级。现有和预期的温室气体的浓度危害了当代和未来下一代的福祉。同时,更有效地利用资源,减少污染和温室气体排放,消减技术的进步已变得更为可行。

此部分列出在项目的全生命周期内的要求来解决资源效率和污染防治及管理问题。

ESS3 强调促进资源的可持续利用,并对资源利用率、污染防治和管理、危险化学品的管理、病虫害管理等方面做了原则性的规定,包含了 OP4.09 病虫害管理的相关内容。

4.4.2 标准目标

促进资源的可持续利用,包括能源、水、原材料。
通过避免或最小化项目污染来避免或最小化对人群健康及环境的不利影响。
尽量减少有害或无害废物的产生。
最小化并管理与使用杀虫剂有关的风险和影响。

4.4.3 标准的适用范围

适用于根据 ESS1(环境评价)要求进行环境和社会评价的项目,在 ESS1 要求的环境和社会评价期间考虑 ESS3 资源效益及污染防治与管理要求的内容。

4.4.4 标准的要求

借款人应考虑周边环境,采用技术可行经济合理的提高资源利用率和与消减等级一致的污染防治措施。这些措施将与项目的环境和社会影响相对应,并符合优质国际工业实践(GIIP)和环境、健康和安全导则(EHSG)的要求。

1. 资源利用率

借款人将采用技术经济可行的措施来提高资源利用率,包括水、能源和原材料以及其他资源。一些措施将清洁生产的原则纳入产品设计及生产工艺中来节省能源、水、原材料以及其他资源。当基线数据可获得时,借款人应进行对比,以建立相对的效率水平指标。

高效使用能源是一个重要的方法,借款人可通过它对可持续发展作贡献。当一个项目属于高能耗时,额外需符合环境和社会标准(ESS)的资源效益要求,借款人须采取 EHSG 中的特定措施来优化能源使用,达到技术经济可行的程度。

当一个项目水耗较大时,或对水质影响较大时,额外的水耗需符合 ESS 的资源效益要求,借款人须采取技术经济可行的措施来避免或最小化地用水,以便不会对社区、其他用户和环境产生显著不利影响。这些措施包括但不限于:采用额外的技术、可行的节水措施、替代水源、用水补偿等,以维持总用水量在可供应范围内,并评价可替代厂址方案。

对于有高用水量需求且有显著的不利影响的项目,则须采取以下条款:

(1)需要制定一个详细的水平衡,并维持、监控、定期报告。

(2)确定并执行提高水资源利用率的机会。

(3)评价单位产品用水量。

(4)满足工业用水效率标准。

作为环境与社会评价的一部分,借款人将评价用水对社区、其他用户和环境产生的累积性影响,并采取适当的减缓措施。

当一个项目原材料耗量显著较大时,额外需符合 ESS 的资源效率要求,借款人须采取 EHSG 中的特定措施来减少原材料的使用,达到技术经济可行的程度。

2. 污染防治和管理

借款人须避免污染物的排放,或者,当排放不可避免,最小化并控制污染物的排放浓度和排放量,首要是符合国家法律和环境、健康和安全导则(EHSG)。这适用于向空气、水、陆地排放废物的情况,且包括了正常工况、非正常工况、事故排放,其影响包括局部的、区域的、跨界的。

当一个项目有历史污染问题时,借款需要建立一个过程来确定责任方。如果历史污染能够给人群或环境带来显著风险,借款人须对现存污染进行一个健康与安全风险评价。首要是根据国家法律和优质国际工业实践(GIIP)采取适当的补偿性措施。

为了解决项目潜在的对人群健康和环境的不利影响,借款人须考虑相关因素,包括:例如(1)现有周边状况;(2)在已被污染地区,剩余的环境自我恢复能力;(3)现在与未来的土地利用;(4)项目是否接近对生物多样性起重要作用的地区;(5)有不可逆结果的累积性影响;(6)气候变化的影响。

除了按环境和社会标准(ESS)的要求采取资源效率和污染控制措施之外,当项目在一个已退化地区有潜在的可能构成显著的排放源时,借款人须考虑额外的战略和采取措施来避免或最小化不利影响。这些战略包括但不限于,评价项目的可替代选址和大气污染的管理。

除以上描述的高效利用资源的措施以外,借款人还应考虑替代性方案并执行技术经济可行且有效费用的选项,在项目的设计期、施工期和运营期来避免或最小化项目带来的空气污染。

作为项目环境和社评价的一部分,借款人将识别并估计项目的大气污染源,包括一个技术经济合理前提下的大气污染物排放总量的估算值。当借款人不具备估算大气污染物排放总量的能力时,世行将提供援助。对于项目所含的小的、分散的大气污染源(如社区类发展项目)或排放量较小(如教育和社会保障项目),无须估算排污总量。

危险废物和一般废物的管理:

借款人应避免危险废物和一般废物的产生。当废物产生不可避免时,借款人应做到废物量最小化、再利用、循环复用、无害化。当废物不能再利用或循环利用时,借款人须采取对环境安全的方式对其进行处理、处置,包括合理控制其排放量及处理过程产生的残渣量。

如果产生的废物被识别为危险废物,借款人应遵守现有的要求进行管理(包括贮存、运输和处理),这些要求既包括国家法律,也包括与跨界活动有关的国际法。在缺失这些要求的地方,借款人应采用好的国际工业范例中的可替代方案作为其废物管理与处置准则。当危废管理由第三方主导时,借款人应使用那些信誉好的、合法的、受政府管理的有资质的企业。至于危险废物的运输和处理,要获得整个全过程的监管文件直至目的地(国内的五联单制度)。借款人需要确认有资质的危废处置场是否按可接受的标准在运营,位置在何处,因为借款人要使用这些场所。当处置场没有按可接受的标准运营时,借款人要把送往这些处置场的废物量减至最小,并考虑可替代的处置选项,包括在项目厂址,或在别的地方自建危废处置场的可能性。

化学危险品的管理:

借款人应避免生产、贸易、使用国际上禁止、限制、逐步淘汰的化学危险品,除非有可接受的目的,如在国际约定或协议中获得许可,或在适用的国际协议下借款人已取得政府豁免权。

借款人将减少和控制有害物质的释放和使用。生产、运输、处理、存储和使用危险物品的项目须通过环境和社会评价。在危险物料被用于生产过程或其他过程的地方，借款人须考虑毒性更小的替代品。

农药管理：

当项目涉及需要求助于病虫害治理措施时，借款人将优先选择综合病虫害管理或综合病媒管理（IVM），使用其中多个方法的组合。

对于采购的任何农药，借款人将评价其性质和风险等级，考虑到提出的用途和预定的用户，除非环境、健康和安全导则（EHSG）同意，借款人将不得使用任何农药或农药配方。此外，借款人也不得使用任何包含国际协定（包括附件）限制的活性成分的农药，除非有一个国际协定中定义的可接受的目的，或在适用的国际协议下借款人已取得政府豁免权。借款人也不能使用任何达到标准的致癌性、致突变性或生殖毒性的农药。对人类健康和环境存在风险的任何别的农药产品，以及在国际公认的分类和标签识别系统中明确的农药产品。借款人也不应使用农药或其配方，即使（1）该国缺乏对其分布、管理、和使用的限制；（2）它们可能被外行的人员、农民或其他未经培训、没有设备、没有处理、储存和使用这些产品的设施的个人使用。

下面的额外标准用来选择和使用农药，（1）对人类的健康的不利影响可以忽略不计。（2）它们将被证明能有效地针对目标物种。（3）它们对非目标物种和自然环境影响很小；农药的使用方法、时机、频率旨在最少化对自然敌人的危害。用于公共卫生项目的杀虫剂将被证明对施用区的居民和家养动物以及施用农药的人是安全的。（4）它们的使用还要考虑需要防止害虫抗药性的发展。在需要注册的地方，所有的农药都必须注册或经授权后方可用于农作物或牲畜，使用方式也要经过授权。

借款人将确保所有使用农药生产、制定、包装、标签、处理、存储和应用根据相关国际标准和行为准则以及环境、健康和安全导则（EHSG）。

对于任何涉及重大害虫管理问题的项目或任何可能导致重大病虫害和农药管理问题的项目，借款人将准备一个病虫害管理计划（PMP）。当控制病害虫的产品融资所占比例较大时，也应准备一个病害虫管理计划。

4.4.5 ESS3 中的农药管理和 OP4.09 病虫害管理的对比

ESS3 中对农药管理的要求和 OP4.09 的要求基本相同，均要求所用农药对人类健康的影响小；对非目标物种和自然环境的影响很小；所有农药都必须按照世行认为可行的标准进行制造、包装、搬运、储藏、处理和操作。农药管理、病虫害管理问题在环境评价中进行考虑。

需要病虫害管理计划的条件相同：当项目活动导致重大的病虫害管理问题时，需要制订一个单独的病虫害管理计划。

4.5 ESS4 社区健康与安全

4.5.1 标准介绍

ESS4（社区健康与安全）认识到项目活动、设备和基础设施可以增加社区风险和不利影响。此外，已经受到气候变化影响的社区也可能由于项目活动而加剧或强化影响。

ESS4（社区健康与安全）致力于解决受项目影响社区的健康、安全、安全风险和影响及借款人的相应责任，以避免或减少这种风险和影响，特别关注那些由于他们的特殊情况而可能是脆弱的人群。

ESS4（社区健康与安全）提出保证社区的健康和安全，并将 OP4.37（大坝安全）相关内容纳入其中。

4.5.2 标准目标

为了预防和避免项目在全生命周期对社区在健康和安全方面的不利影响，标准关注的既包括正常工况的影响，也包括非正常工况的影响。

在大坝基础设施的设计和施工中促进质量和安全，并注意气候变化的影响。

避免或减少社区暴露在与项目相关的交通和道路安全风险、疾病和危险物质中。

采取有效措施来应对紧急事件。

确保实施维护人员和财产的安全措施以避免或最小化项目影响社区风险的方式进行。

4.5.3 标准的适用范围

适用于根据 ESS1（环境和社会风险与影响的评估和管理）要求进行环境和社会评价的项目，在 ESS1 要求的环境和社会评价期间考虑 ESS4（社区健康与安全）要求的内容。此环境和社会标准（ESS）解决项目可能对社区产生的风险和影响。对于项目人员的职业健康和安全（OHS）的要求列于 ESS2（劳工和工作环境）。避免或减少现有和潜在环境污染对人类健康影响的措施列于 ESS3（资源效益及污染防治与管理）。

4.5.4 标准的要求

1. 社区健康与安全

借款人将评估项目在全生命周期对受影响社区的健康和安全的风险的影响，包括那些由于特殊情况可能是脆弱的群体。借款人将根据消减等级确定风险和影响，并提出缓解措施。

2. 基础设施和设备的设计与安全

借款人根据国家法律的规定、环境、健康和安全导则（EHSG）以及其他优质国际工业范例（GIIP），对项目的结构要素进行设计、建造、运行和退役，考虑对第三方和受影响社区的安全风险。一个项目的结构元素将由主管专业人员设计和建造，并由主管部门或专业人员认证或批准，结构设计将适当考虑到气候变化。

如果该项目的新建筑物和结构包括将由公众成员访问的部分，借款人将考虑公众面临操作事故或自然灾害的潜在风险，包括极端天气事件。如果技术上和经济上可行，借款人也将通用访问这样的概念应用于新建筑和结构的设计和施工。通用访问这一概念指在各种情况下的所有年龄和能力的人通行无阻。

当一个项目的结构要素或部分项目处于高风险地区，包括那些极端天气事件或缓慢发作的风险，以及项目结构要素或部分项目的失败或故障可能威胁社区的安全，借款人将聘请一个或多个与设计和施工团队无关的、独立的专家，专家要在类似的项目有相关经验并被认证，专家尽早在项目开发和项目设计、施工、运营、退役阶段进行检查。如果项目涉及一个新的或现有的大坝，借款人将提供足够的资源来满足世行关于大坝的安全性要求。

3. 安全服务

当项目涉及向社区提供服务的条款时，借款人将建立和实施适当的质量管理体系，以预测和减少这种服务可能对社区健康和安全产生的风险和影响。在这种情况下，借款人也将在技术上和财务上可行条件下应用通用访问的概念。

4. 交通和道路安全

借款人将识别、评估和监测项目在全生命周期对工人、受影响的社区和道路使用者造成的潜在的交通和道路安全风险，并且合适的话，将制定措施和计划来解决这些问题。借款人将把技术经济可行的道路安全措施纳入项目设计以防范和化解潜在的对道路使用者和受影响的社区的道路安全风险。

借款人将对该项目的每个阶段进行道路安全评估，并将监测附带事件和事故，定期准备监测报告。借款人将使用道路安全评估报告来确定负面的安全问题，并建立和实施措施以解决这些负面问题。

对于为项目目的而设的车辆或车队的车辆（无论自有或租赁），借款人将采取适当的措施，包括驾驶员培训，来提高驾驶员和车辆安全，并落实监测和执行系统。

对于在公共道路上施工操作或使用其他设备对公共道路或其他公共基础设施产生影响的项目，借款人将采取适当的安全措施，以避免公众发生与该设备的运作有关的受伤事件。

5. 生态系统服务

项目对生态系统服务的直接影响,可能会对受影响社区产生不利的健康和安全风险。关于此标准,生态系统服务仅限于 ESS1(环境和社会风险与影响的评估和管理)中定义的供给和调节服务。在适当和可行的情况下,借款人将识别项目对可能会加剧气候变化的生态系统服务功能的潜在风险和影响。要尽可能地避免不利影响,如果这些影响是不可避免的,借款人将实施适当的缓解措施。

6. 社区暴露于健康问题

借款人将避免或减少因项目活动而使社区暴露于各种疾病的可能性,包括靠水传播的、以水为基础的、与水有关的媒介传播的疾病,在此还应考虑到对弱势群体有区别的暴露和弱势群体更高的敏感度。如在项目区域社区地方性的特定疾病,鼓励借款人寻求机会在项目生命周期过程来改善环境条件,以期帮助减少他们的发病率。

借款人将采取措施,以避免或尽量减少那些可能与临时或永久项目劳动力的进入有关的传染病的传播。

7. 危险材料的管理与安全

借款人将避免或尽量减少社区暴露于项目可能会释放的危险物质的潜在可能性。在有可能使公众(包括工人和他们的家庭)暴露在危险物质的地方,特别是那些可能会危及生命的地方,借款人将特别关注通过修改、替代或消除造成潜在危害的条件或物料以避免或尽量减少他们的暴露造成的潜在危害。当危险物料是现有项目基础设施的一部分或组成部分时,借款人将在项目的建设、实施、包括退役中保持应有的关注,以避免其接触社区。

借款人将实施安全措施和行动,以控制危险材料的运输、危险材料和废物的储存、运输和处置,并将采取措施以避免或控制社区暴露在这些有害物质中。

8. 应急准备和响应

借款人将确定和实施措施,以解决紧急事件。紧急事件是一个意想不到的事件,可由自然和人造危险物质引起,通常是以火灾、爆炸或泄漏的形式,可能有各种不同的原因,包括未能实施旨在防止他们发生的操作程序、极端天气或缺乏预警。要设计应急措施,以求通过一种协调而迅速的方式来应对突发事件,防止损害社区健康和安全,并最大限度地减少、减轻和补偿可能发生的任何影响。

借款人从事有可能发生突发事件的项目,要进行风险评估,风险评估是环境和社会评估的一部分。基于有毒有害风险评估的结果,借款人将与当地相关部门和受影响的社区相协调合作准备一个应急预案(ERP),并考虑突发事件的预防、准备和项目人员应对安排。

应急预案(ERP)将酌情包括:(1)与风险的性质和规模相应的工程控制(如控制、自动报警、关闭系统);现场和附近的应急设备的识别和安全访问;(2)现场和附近的应急设备的识别和安全获取;(3)指定紧急救援人员的通知程序;(4)有不同的媒体渠道,以通知受影响的社区及其他利益相关者;(5)对急救人员培训,包括定期演练;(6)公共疏散程序;(7)指定 ERP 实施的协调员;(8)任何重大事故发生后的环境恢复措施和环境清理措施。

借款人将用文件证明其应急准备、响应活动和责任,并公布相应的信息,随后任何可能影响社区、相关政府机构和其他相关机构的变化也应当公布。借款人将与受影响的社区,相关的政府机构和其他相关机构合作来有效应对突发事件,尤其是在他们的参与和协作是有效响应的重要组成部分的地区。

借款人将定期检查应急响应计划(ERP),并确认它仍然能够处理可能出现的项目相关突发事件。借款人将通过培训和合作来支持受影响的社区、相关的政府机构和其他相关方,并把这些培训和给项目人员提供的 ESS2 要求的职业健康与安全培训相结合。

9. 安保人员

当借款人雇佣直接或合同的工人去保障其人员和财产的安全性,借款人要评估这些安全安排所带来的风险,包括厂址内外的情况。借款人将依据相称原则和优质国际工业范例(GIIP)、有关招聘、行为规则、训练,装备和监测适用法律做出相应的安排。借款人不鼓励任何直接或合同工人在保障安全的过程中使用暴力,除非用于预防和正当防御(根据威胁的性质和程度)。

借款人将设法确保政府安全人员在符合以上条款的要求的基础上来部署提供安全服务,并鼓励有关当局向公众披露借款人针对公众设施的安保设施,确保安全高于一切。

借款人将(1)进行合理查询,以核实由借款人雇佣的用于提供安全保障的直接工人或合同工人没有牵涉到过去的起诉;(2)在使用武力方面(在可以使用火器的地方)进行充分的培训(或确保他们经过合格的培训),适当的引导工人和受影响的社区;(3)要求他们遵守当地法律及环境和社会保证计划(ESCP)的规定。

借款人将审查所有指控安全人员违法或虐待的行为,采取行动(或敦促有关各方采取行动)防止复发,在必要的情况下,向有关当局报告非法和滥用行为。

4.5.5 ESS4 社区健康与安全和 OP4.37 大坝安全的对比

ESS4 中附件 1 针对大坝的安全做了要求,分为三部分内容,分别提出了对新建坝、已建坝和在建坝的要求,另外明确了大坝安全报告的内容。

1. 新建坝要求的对比

坝分为大坝和小型坝,分类的原则和 OP4.37 相同,大坝和小型坝的要求也和 OP4.37 相同。均要求对于小型坝,由合格的工程师制订的通用大坝安全措施即可满足要求。而对于大坝则要求:由独立的大坝安全小组对大坝建设的勘测、设计、施工和初始运行进行审查;准备和实施详细的大坝安全计划;建设监理和质量保证计划;监测仪器安装计划;运行维护计划和应急预案;招投标阶段对投标商进行资格预审;大坝建成后进行定期安全检查。

2. 已建坝和在建坝要求的对比

ESS4 和 OP4.27 对已建坝和在建坝的要求相同,具体如下:

要求借款人安排一个或一个以上独立的大坝安全专家开展以下工作:检查评估在建或已建大坝及其附属设施的安全状况以及大坝运行历史;检查评估大坝业主的运行维护程序和规章制度;提供书面报告,记录对大坝安全的意见和建议,并对大坝安全加固工作或安全措施提供建议。

如果供款人提供以下证据,世行接受先前对大坝安全的评估结论和建议:

(1) 已经实施有效的大坝安全计划;

(2) 世行满意的全方位的大坝安全检查和评估已经实施并以正式文件形式保存下来。

对需要加固的大坝:

(1) 由有能力的专家设计和监理;

(2) 准备和实施详细的大坝安全计划:建设监理和质量保证计划,监测仪器安装计划,运行维护计划和应急预案;

(3) 对于包含大量的和复杂的加固工作的高危坝,世行也要求借款人按照新建坝的要求聘请独立的大坝安全小组。

3. 大坝安全报告内容的对比

二者对于大坝安全报告的内容要求相同,都包括:建设监理和质量保障计划;检测仪器安装计划;运行、维护和监测计划;应急预案。

4.6 ESS6 生物多样性保护和自然资源的可持续管理

4.6.1 标准介绍

ESS6 包含了 OP4.04 自然栖息地和 OP4.36 林业的相关内容,并强调了生物多样性的保护。

(1) ESS6认为保护和维护生物多样性和可持续管理自然资源是可持续发展的基础。生物多样性定义为所有来源的活的生物体的变化性,这些来源包括陆地、海洋和其他水生生态系统及其所构成的生态综合体;生物多样性包括物种内、物种之间和生态系统的多样性。生物多样性常常支撑着人类的生存与发展,因此对生物多样性的影响常常对生态系统服务带来不利的影响。

(2) ESS6强调维护栖息地的核心生态功能的重要性,包括森林及森林支持的生物多样性。栖息地的定义是指一个陆地、淡水、海洋地理单位,或者是支持活的生物体集合的通道及这些活的生物体和非生物环境的相互作用。所有栖息地支持生物体的复杂性和不同物种的多样性、丰度和重要性。

(3) ESS6也强调了初级生产力和自然资源的可持续管理。

(4) ESS6认识到必须考虑受项目影响的群体的生活水平,包括原居民的进入通道或利用可能受项目影响的生物多样性和自然资源。受项目的群体(包括原住民)在生物多样性保护和自然资源的可持续管理方面起的潜在的、积极的作用也不应被忽视。

4.6.2 标准目标

保护和维持生物多样性和栖息地。

在可能影响生物多样性的项目设计和实施过程中应用消减层级和提供预防方法。

促进自然资源的可持续管理。

支持本地社区(包括土著居民)的生计和经济发展,通过采纳整合保护需求和开发优先顺序的实践来支持本地社区(包括土著居民)的生计和经济发展。

4.6.3 标准的适用范围

本标准的应用在按照ESS1进行环境和社会评价的过程中考虑。

基于环境和社会评价,本标准的要求适用于任何可能潜在影响生物多样性或栖息地的项目,无论影响是积极的还是消极的、直接的还是间接的或者那些成功建立在生物多样性基础上的区域。

本标准也适用于那些涉及初级生产和自然资源收获的项目。

4.6.4 标准的要求

通用要求

(1) ESS1中明确的环境和社会评价要考虑相关项目对生物多样性和栖息地产生

的直接的、间接的和累积的影响。评价要考虑对生物多样性的威胁,比如栖息地的丢失、退化或破碎,有侵略性的外来物种,过度开采,水文学变化,养分负荷,污染和附带事件以及项目造成的气候改变影响。要基于全球、地区和国家范围内的弱点和不可取代性来决定生物多样性或栖息地的重要性,同时还要考虑受项目影响群体和其他感兴趣的组织赋予生物多样性和栖息地的不同价值。

(2) 借款人要避免对生物多样性和栖息地的不利影响。当不可避免的时候,借款人要采取措施将影响最小化并根据本标准和 ESS1 的要求恢复生物多样性。借款人要确保在环境和社会评价中有可以胜任的生物多样性专家并确定消减措施的效果和可靠性。当识别出对生物多样性有重大的不利影响时,借款人要完成并实施一个生物多样性管理计划。

风险和影响的评价

(3) 通过环境和社会评价,借款人确定了项目相关的潜在的对生物多样性和栖息地的风险和影响。根据消减措施的制定原则,借款人要对未考虑生物多样性补偿之前的一开始的项目风险和影响进行评价。评价要识别栖息地影响的类型,考虑对栖息地生态功能潜在的风险和影响。评价范围要包括任何可能被项目影响的有生物多样性重要性的区域,不管这些区域是否受国家法律的保护。评价的范围要和风险和影响相适应,考虑这些影响的可能性、重要性和严重性,并要能够反映受项目影响群体和其他感兴趣组织的关注点。

(4) 借款人的评价要包括基线条件的特征,这些特征要与预期的风险和影响的重要性相匹配。计划和承担涉及生物多样性基线的环境和社会评价,借款人要依据优秀的国际工业范例,酌情采取桌面审查、咨询专家、野外调查的方法。如果评估潜在影响重要性还需要进一步调查,借款人要在采取任何项目相关行动前都要采取额外的调查或监测,在进行可能对生物多样性和栖息地产生潜在的重大影响的有关项目设计的不可挽回的决定前也要进行额外的调查或监测。

(5) 当环境和社会评价已经识别了对生物多样性和栖息地的潜在风险和影响,借款人要根据消减等级和优秀国际范例管理这些风险和影响。借款人要采取预防措施和适应管理实践,在这些方法和实践中,消减和管理措施的实施要能对变化的条件和监测的结果做出回应。

生物多样性和栖息地的保护

(6) 栖息地可能是陆地的、内河的、海洋的地理学单元,或者支持活的生物体集合的通道及它们和非生物环境的相互作用。栖息地在保护全球的、地区的、国家的重要生物多样性的重要性、对影响的敏感性、对不同利益相关者的意义等方面有差异。因为,在大多数的例子中,栖息地的丧失、退化、破碎都会对生物多样性造成很大的威胁,许多生物多样性保护的行动都聚焦在维护和重建合适的栖息地。

（7）本标准要求对于不同敏感性和价值的栖息地采取不同的风险管理方法。本标准将所有的栖息地分为改良栖息地、自然栖息地和关键栖息地，连同法律保护的和国际及地方识别出的具有生物多样性价值的区域，这些区域可能包含一种类型或所有类型的栖息地。

（8）对于栖息地和生物多样性保护和维护来说，消减等级也包括栖息地的补偿。补偿要作为万不得已的手段，在所有技术和财务可行的避免、消减、重建措施已经被考虑之后仍然有重大的残留不利影响存在时才进行补偿。

（9）生物多样性补偿的设计和实施要能达到可量化的、附加的和长周期的保护效果，这些效果能够被合理预期到没有生物多样性的净亏损，最好有净收益。在补偿被用来消减任何重要栖息地中区域的残留影响时，要求必须有净收益。生物多样性补偿的设计要坚持类似和更好的原则并在实施时参考优秀的国际工业范例。

（10）当借款人将补偿作为消减战略的一部分考虑时，在补偿的设计和实施中都要涉及利益相关者和合格的专家。借款人要证明补偿在技术和财务上的长期可靠性。当对重要栖息地的残留不利影响预期采用补偿时，借款人要雇佣一个或多个独立的国际认可的专家来建议是否预期的补偿是可靠的，或者从专业角度建议是否补偿能够合理预期到特定重要栖息地能获得生物多样性价值的持续收益。

（11）一些特定的残留的不利影响不能被补偿，特别是当受影响区域从生物多样性角度上来说是独一无二或者是不能替代的时候。在这些情形下，除非项目能设计避免补偿并符合本标准的要求，否则借款人不得进行该项目。

改良的栖息地

（12）改良栖息地是指那些拥有一大部分非本地的植物或动物物种的区域，或那些人类活动已经很大程度上改变了其生态学功能和物种组成的区域。例如：农业管理的区域、植树造林的区域、再造的海岸线、再造的湿地。

（13）本标准适用于有重要的生物多样性价值的改良栖息地的区域，适用的范围由 ESS1 要求的环境和社会评价来确定。借款人要避免或减小对生物多样性的影响并酌情实施消减措施。

自然栖息地

（14）自然栖息地是由能繁育的植物群落和大量的本地动物物种组成的区域，或者人类活动未从本质上改变了其生态学功能和物种组成的区域。

（15）如果评价包含了自然栖息地，借款人要根据消减等级来避免对自然栖息地的不利影响。如果项目可能对自然栖息地造成潜在的不利影响，借款人不能进行任何项目相关的活动，除非：

①没有技术和财务可行的其他替代方案；

②根据消减等级，落实了合适的消减措施，没有净亏损，最好在长时期内有对生

物多样性的净收益。尽管采取了最大的措施去避免、最小化和减轻影响但仍有残留影响，并且被利益相关者支持的时候，消减措施应包括生物多样性的补偿，补偿应坚持类似和更好的原则。

重要栖息地

（16）重要栖息地是指那些对生物多样性有高度重要性和价值的区域，包括：

①栖息地由于极度濒危或者有濒危物种而有重大价值的，如列入国际自然保护联盟红色清单的濒危物种或等价的其他物种；

②对地方有重要价值的栖息地或受范围限制的物种；

③支持全球或全国的重要的迁移或集中物种的集合的栖息地；

④高度受威胁或独一无二的生态系统；

⑤维持①和②描述的生物多样性价值繁育能力的生态功能和特征。

（17）在重要栖息地内的区域，借款人不能进行任何可能对栖息地产生潜在不利影响的项目活动，除非满足以下所有的条件：

①在现有地区没有其他在生物多样性价值较小的栖息地内进行项目的替代方案；

②所有国际义务或国家法律要求的正当程序都应被遵守，先决条件是国家批准在栖息地内或栖息地附近的项目活动；

③潜在的不利影响或这些可能性将不会导致那些重要的栖息地生物多样性价值的可衡量的净减少或不利改变；

④能够预期项目在一个合理的时期内不会造成任何极度濒危、濒临灭绝的、受区域限制的物种的特定种群的减少；

⑤项目不涉及对重要的栖息地造成重大的改变或退化；在项目涉及新的重建的森林或农业种植园的地区，不能改变任何重要栖息地和造成重要栖息地的退化；

⑥项目设计的消减策略能达到已退化的重要栖息地的生物多样性价值的净收益；

⑦一个健全的合适的设计，长期的生物多样性监测和针对重要栖息地特征的评价程序要纳入项目的管理程序。

（18）当借款人已经满足了第（17）条的条件，在生物多样性管理计划中要明确描述项目的消减策略，并且将这些策略写入贷款协议（包括 ESCP）。

法律保护区和国际公认拥有高生物多样性价值的区域

（19）当项目在法律保护区内或者对指定需要保护的或地区和国际承认的法律保护区可能产生潜在的不利影响，借款人要确保采取的任何行动都要与保护区的法律要求和管理目标相一致。借款人要识别和评价潜在的相关不利影响并采用消减等级以便能够减轻项目的不利影响，这些不利影响会破坏这些区域的完整性、保护目标和生物多样性的价值。

(20) 借款人将满足本标准第(6)～(18)条中适合的条款。此外,借款人还将:

① 证明这些区域内的开发是法律许可的;

② 采用与政府认可的这些区域的管理计划相一致的方式来行动;

③ 就项目的规划、设计、实施、监测、评估与区域的赞助商和管理者、受项目影响的群体(包括土著居民和其他感兴趣的组织)进行协商;

④ 实施额外的保护程序来促进和提高区域的保护目标和有效管理。

侵略性的外来物种

(21) 有意的或意外的外来物种的引入,或非本土的动植物物种引入通常不会对生物多样性造成重大威胁的区域,因为一些外来物种能够变得具有侵略性、可以快速传播、破坏本土物种或与本土物种进行竞争。

(22) 借款人不能蓄意引进任何外来物种(一般不在项目所在区域),除非根据现有的管理框架来引进。尽管有以上条件,借款人仍然不能故意引进任何有高侵略性风险的物种而不管这种引进是否满足现有的管理框架。所有的引进必须满足风险评价(作为项目环境和社会评价的一部分),通过风险评价来确定潜在的侵略行为。借款人要采取措施来避免意外引进的可能性,这些意外引进包括可能带有外来物种物料(比如土壤、碎石、种植物料)的运输。

(23) 如果外来物种已经在预期的项目区域停留下来,借款人要尽力使外来物种不要传播至那些未停留下来的区域。如果可能的话,借款人要采取措施从其控制管理的自然栖息地中消除这些物种。

现存的自然资源的可持续发展

(24) 涉及初级生产和现存自然资源收获的项目借款人要评价项目活动全部的可持续性和活动对当地、附近或生态栖息地、生物多样性和社区(包括原住民)的潜在影响。

(25) 借款人要在优秀的管理范例和可获得技术的应用的基础上以一个可持续的方式来管理现存的自然资源。当这些初级生产的范例写入了全球的、地区的或国际认可的标准,尤其是对那些工业规模的运行来说,借款人和世行要在标准的应用上取得一致意见。如果在特定的国家关注的现存自然资源缺乏相应的标准,借款人可应用优秀的国际工业范例。

(26) 对那些涉及小范围生产者的项目来说,借款人要求生产者以可持续发展的方式来运行并逐渐提高他们的生产。当在同一个地理区域存在大量的小的生产者,借款人要评价累积风险和影响的可能性。

(27) 当项目包括商业性的农场和林场(特别是项目涉及土地清理和造林),借款人将厂址选在已经转化或者高度退化的土地上(不包括由预期的项目造成转化的土地)。考虑到种植项目引进侵略性外来物种和威胁生物多样性的可能性,这类项目在设计时要考虑预防和减轻对自然栖息地的这些潜在威胁。当借款人投资在自然森林中进行造林,借款人要对森林进行可持续管理。

(28)当项目涉及现存自然资源的收获,借款人要以可持续的方式管理这些资源。尤其是森林和水生系统作为这些资源的主要来源时,需要按照以下要求来管理。

①对那些项目涉及工业规模的商业性的森林采伐,借款人要确保这些操作在独立的森林认证系统下被证明或者为了完成系统的认证遵从一个有时限的行动计划。

②对那些由小规模生产者、社区森林管理下的当地社区或在联合的森林管理下的实体主导的涉及森林采伐操作的项目来说,这类操作与工业规模的操作不同,借款人要确定:ⅰ.完成可持续的森林管理标准,在完成的过程中要有受项目影响群体包括土著居民的参与,即使不是正常被认证,也要与可持续森林管理的原则和条件相一致;ⅱ.遵从有时限的行动计划去完成这个标准。行动计划完成的过程中要有受项目影响群体的参与并得到世行的接受。借款人要确保所有的操作和监测的同时都要有受项目影响群体的参与。

③对涉及工业规模的鱼类种群的捕获的项目,或涉及海洋和淡水生物体的捕获,借款人要论证这些行动都以可持续发展的方式来进行,并且与可持续捕获的原则和条件相一致。

(29)对不涉及初级生产或现存自然资源收获和需要打捞记录的项目,比如在被淹没的区域,借款人需限定最小的空白区并有项目的技术要求来证明,紧跟着进行国家立法。

(30)涉及植物和动物畜牧的工业生产的借款人要根据优秀的国际工业范例来避免或最小化风险和影响。涉及大规模的商业农业的借款人,包括育种、饲养、住房、交通、屠宰,为了肉或其他产品(比如奶、鸡蛋、羊毛)而饲养的动物,将采用畜牧学技术的优秀国际工业范例,并适当的考虑宗教和文化原则。

主要供应商

(31)当借款人要采购自然资源的商品,包括食物、木材和纤维,这些商品众所周知来自于那些对自然栖息地或重要栖息地造成重大转变或重大退化的风险的区域,借款人的环境和社会评价要包括一个系统评价和认证活动。

(32)借款人要设立系统和认证活动,这些系统和认证活动要:

①识别供应商的来源和来源区域的栖息地类型;

②在可能的情况下,限制对供应商的采购,这里供应商是指能证明其未对自然栖息地或重要栖息地的重大转变或重大退化作出贡献的供应商。

③在可能的情况和合理的时期内,将借款人的主要供应商替换为能证明其对这些区域没有重大不利影响的供应商。

(33）借款人能充分处理这些风险的能力取决于其控制或影响主要供应商的水平。

4.6.5　ESS6 生物多样性保护和自然资源的可持续管理与 OP4.04 自然栖息地对比

1. 目标的对比

ESS6 的目标为了保护和维护生物多样性和栖息地，对于可能对生物多样性产生影响的项目在设计和实施阶段采用减缓等级和预防的方法，促进自然资源的可持续管理。

OP4.04 的目标通过对自然栖息地的保护生物多样性并实现可持续发展，促进已退化的自然栖息地的复原；世行支持在政策对话/项目贷款和行业活动中保护、维护和恢复自然栖息地；世行支持，并且期望借款人也采取审慎的方法对自然资源进行管理，确保实现环境的可持续发展。

2. 应用范围的对比

ESS6 适用于根据 ESS1（环境和社会风险与影响的评估和管理）要求进行环境和社会评价的项目，在 ESS1 要求的环境和社会评价期间考虑 ESS6 要求的内容；在环境和社会评价的基础上，ESS6 的要求适用于所有的对生物多样性的栖息地有潜在影响的，无论是正面的或是负面的、直接的或间接的；ESS6 也适用于那些涉及初级生产力的项目。而 OP4.04 自然栖息地适用于会对自然栖息地造成重大损害或可能对自然栖息地造成重大损害的项目。

3. 要求的对比

ESS6 和 OP4.04 对栖息地的要求类似，ESS6 在 OP4.04 的基础上对以下方面作出了特别要求：

（1）ESS6 中提到了外来物种入侵问题，无论是有意或无意引入外来植物或动物物种，就可能对生物多样性造成重大的威胁，因为一些外来物种具有侵略性，传播很快。

（2）ESS6 中提到了借款方在购买自然资源商品包括食品、木材时，这些商品的产地也不应该产生重大的转化或衰退。

4.6.6　ESS6 生物多样性保护和自然资源的可持续管理与 OP4.36 林业的对比

1. 目标的对比

OP4.36 目标是帮助借款方利用森林的潜力，以可持续的方式减少贫困，有效地将森林资源纳入可持续的经济发展，以及保护重要的当地和全球的环境服务和森林的价值。

ESS6 的目标促进自然资源的可持续管理。

2. 应用范围的对比

OP4.36 适用于对森林的健康和质量具有或可能具有影响的项目；影响人们的权利和福利及其对森林有依赖性或与森林相互依存的项目；会对自然林或种植林的管理，保护或利用带来变化的项目，不论森林是国有的，集体所有的还是私人所有的。

ESS6 则适用于那些涉及初级生产力的项目。

3. 要求的对比

OP4.36 规定世行在向人工林融资时，会优先考虑将项目安排在无林地或已被转化的土地上，ESS6 则不仅强调了林业还同时强调了农业问题。

4.7 ESS8 文化遗产

4.7.1 标准介绍

ESS8 认为文化遗产以有形和无形的方式保持了过去、现在和将来的连续性。标准明确了因项目活动给文化遗产造成的风险和影响的条款。

当项目涉及文化遗产时，ESS8（文化遗产）关注世行的要求与处理方式，与 OP4.11 物质文化资源内容类似。ESS8 针对特定类型的物质文化遗产，比如遗址、可移动的物质文化遗产、物质文化遗产的商业利用、建筑遗产等，并提出了具体的要求。

4.7.2 标准目标

避免文化遗产遭到项目活动的不利影响和支持文化遗产的保护。

强调文化遗产是可持续发展不可分割的一部分。

加强与文化遗产利益相关者有意义的磋商。

利用文化遗产时促进利益的公平分享。

4.7.3 标准的适用范围

在根据 ESS1 进行环境和社会评价的过程中使用本标准。文化遗产分为有形的和无形的，这些文化遗产被公认并且在当地、地区、国家和全球水平有价值，比如：

有形的文化遗产包括移动的和固定的物体、遗址、建筑、建筑群、和有考古学的、古生物学的、历史的、美学的、宗教的或其他重要文化意义的自然地物和风景。可能在城市或乡村、地上或地下、或者水下。

无形的文化遗产包括范例、代表、表达、知识、技巧和工具、物品、人工制品、文化空间，那些社区和团体作为文化遗产的一部分，一代一代相传并由他们不停地再创造，作为对他们环境、特征和历史的相互作用的回应。

该标准适用于所有可能对文化遗产产生风险和影响的项目。包括：

（1）涉及挖掘、拆除、土壤移动、洪水和其他物理环境的改变；
（2）法律保护区内或在缓冲地带内的项目；
（3）公认的文化遗产内部或其附近的项目；
（4）支持、保护、管理文化遗产的项目。

该标准对于无论是否受法律保护的文化遗产都适用，无论以前是否被认定为或已破坏的文化遗产。

该标准适用于无形的文化遗产，仅当项目的物理部分对文化遗产有重要的影响，或项目准备利用这些文化遗产用作商业目的时。

4.7.4 标准的要求

ESS1中陈述的环境和社会评价应考虑项目对文化遗产直接的、间接的、累积的特定风险和影响。通过环境和社会评价，借款人能确定预期的项目活动对文化遗产潜在的风险和影响。

借款人要避免对文化遗产的影响。当不可避免的时候，借款人要根据消减等级来确定和实施措施来处理对文化遗产的影响。在适当的情况下，借款人要编制文化遗产管理计划。

借款人要采取全球公认的做法来进行与项目有关的文化遗产的实地研究、记录和保护，通过承包商和其他第三方机构。

如果项目进行过程中遇到了之前未发现的文化遗产，则要依据特定的机会发现程序来处理。它将被写入所有涉及项目建设的合同中，包括挖掘、拆除、土壤移动、洪水和其他物理环境的改变。机会发现程序明确机会发现如何与被管理的项目相联系。程序要求由相关专家来通知相关当局发现的物体和遗址，扩大发现和遗址的范围以避免进一步的干扰，由文化遗产专家来进行物体和遗址的评价，根据标准和国家法律的要求制定并实施行动，对项目人员和工人就机会发现程序进行培训。

由于项目潜在的风险和影响，在必要的时候，环境和社会评价应有文化遗产专家的参与。如果环境和社会评价认为在项目全周期的任何时候均可能对文化遗产造成重大的潜在风险和影响，借款人就要雇佣专家来协助进行文化遗产的识别、评估和保护。

利益相关者的咨询和文化遗产的识别

借款人要根据 ESS10 识别文化遗产的利益相关者,这些文化遗产已知存在或可能在项目全周期内遇到的。利益相关者包括:

(1) 受项目影响的群体,包括那些国家的个体和群体,这些人在记忆中曾经利用或者要利用文化遗产。

(2) 其他感兴趣的组织,包括委托保护文化遗产的国家和当地的法律当局、非政府组织、文化遗产专家、包括国内和国际的文化遗产组织。

借款人要根据 ESS10 与利益相关者进行咨询,以识别可能被潜在项目影响的文化遗产,考虑受项目影响的文化遗产的重要性,评价潜在的风险和影响,探索避免和消减的措施。

机密性

借款人要在与世行、受项目影响的组织、文化遗产专家咨询后决定文化遗产的信息公开是否会危害文化遗产的安全和完整性或可能危及信息来源。在这种情况下,公众发布时可漏掉相关机密信息。如果项目影响群体(包括个人和群体)掌握位置、特征或者秘密的进行传统的文化遗产利用,借款人要提交保守机密的措施。

利益相关者的介入

当借款人的项目地点包括文化遗产或阻止了原来通向文化遗产遗址的道路,借款人需要在与遗址的利用者咨询的基础上,允许继续接近文化遗产或提供可替代的接近路线,并考虑健康、安全和安保。

文化遗产保护区

作为环境和社会评价的一部分,借款人要确定被项目影响的所有文化遗产保护区。如果项目在保护区内或者在缓冲地带,借款人将:

(1) 遵守地方的、国家的、区域的或国际的文化遗产条例和保护区管理计划;

(2) 咨询保护区的赞助商和管理者,受项目影响的组织(包括个体和群体)和其他对项目感兴趣的群体;

(3) 酌情实施额外的程序,促进和提高保护区的保护目标。

特定类型文化遗产的条款

(1) 考古遗址和材料

遗址由任何残余的建筑结构、史前古器物、人类或生态元素组成,遗址可能完全在地下、部分在地上、完全在地上或在水面上。古物可能在任何地表发现,单独的或者散布在大面积区域。这些物质包括埋藏区、人体残骸和化石。

有证据表明或可能性较高的存在过去人类活动的区域,借款人将进行基础研究和实地调查,去用文件证明、匹配和调查考古学遗骸。借款人要用文件证明考古遗址的位置和特征、项目周期内发现的物质、向国家和地方当局提供这些文件。

借款人在咨询文化遗产专家后确定在项目周期内发现的古物是否要求：①仅有证明文件；②挖掘和证明文件；③原址保护并管理考古物质。借款人要根据国家和地方法律确定考古发现的所有权和保管责任，直到转移保管的时候，借款人要安排鉴定、保护、标记、安全储存和方便将来研究分析。

（2）建筑遗产

建筑遗产涉及城市或乡村单一的或者建筑群落，建筑遗产可作为特定文明、重大发展或有历史意义事件的证明。建筑遗产包括过去或当代人类居住的建筑群、结构或开放空间，并且被认为在建筑学、美学、宗教、社会文化视角方面紧密结合并有价值的。

借款人要制定恰当的消减措施来处理对建筑遗产的影响，包括：①文件；②就地保护和复原；③重新安置、保护或复原。在任何文化遗产的重新安置或复原过程中，借款人要维持形式、建筑材料、建造技术的真实性。

（3）有文化意义的自然特征

自然特征也可能是重要的文化遗产。例如神圣的山、山脉、风景、小溪、河流、瀑布、洞穴和岩石；神树、植物、小果园和森林；在岩石表面或洞穴中的雕刻或绘画；早期人类、动物或化石残骸的古生物学沉积物。这些遗产可能对局部社区团体或少数人具有重要性。

通过研究、咨询受影响团体借款人应识别出：受到项目影响的文化遗产的重要自然特征，重视这些特征的人们，有代表性且能协商文化遗产的位置、保护和利用的个体或群体。

大部分有文化遗产价值的自然特征最好是就地保护。如果就地保护不可能，文化遗产向其他地方的转移要与受影响群体进行协商，并且依据国际好的工业范例。关于转移达成的协议将尊重并使与被转移文化遗产相关的传统行为得以持续。

（4）可移动的文化遗产

可移动的文化遗产包括：有历史意义的或者稀有的书籍和手稿；绘画、图纸、雕像、塑像和雕刻品；现代的或历史的宗教物品；历史的服装、珠宝和纺织品；遗迹的碎片或历史建筑；考古学材料；自然收集物比如贝壳、植物群或矿物。由项目引起的发现和进入使得文物更易于被偷盗、运输或滥用。借款人要采取措施预防受项目影响的文物被偷盗、非法运输，并将任何行动都告知相关当局。

借款人在咨询相关文物局后要确定那些能被项目威胁到的可移动的文化遗产物品，并制定项目全过程内保护这些物品的条款。借款人将通知宗教或世俗当局或其他托管人负责监督和保护可移动文化遗产，同时要符合项目活动的时间表，并警告他们关于这些物品的潜在弱点。

文化遗产的商业利用

当一个项目为了商业目的去利用受项目影响群体的文化遗产,借款人要告知项目影响群体以下内容:(1)法律规定他们享受的权利;(2)商业开发和潜在影响的范围和特征;(3)这些发展和影响造成的潜在后果。

借款人要停止商业开发除非:(1)按照 ESS10 和利益相关者进行了公众咨询;(2)这些文化遗产的商业利用提供公平公正的利益共享,符合受项目影响群体的风俗和传统;(3)根据消减等级确定消减措施。

4.7.5 ESS8 文化遗产和 OP4.11 物质文化资源的对比

1. 目标的对比

在项目进行过程中保护物质文化遗产。从可持续发展的角度来处理物质文化遗产;促进关于物质文化遗产方面有意义的公众咨询;促进物质文化遗产利用的收益平等共享。

2. 适用范围的对比

适用于那些可能对物质文化遗产造成风险和影响的项目,包括:

(1)涉及挖掘、拆除、土壤移动、洪水和其他物理环境改变的活动;

(2)项目在法律保护区内或准保护区内;

(3)在物质文化遗产的范围内或附近;

(4)支持物质文化遗产的保护、管理和利用的项目;

(5)适用于无形的文化遗产,仅当项目的物理部分对文化遗产有重要的影响,或项目准备利用这些文化遗产用作商业目的时。

3. 要求的对比

二者要求类似,均要求环境评价识别可能的物质文化资源,明确潜在的影响,并提出相关物质文化资源保护措施,包括对偶然发现的物质文化资源的处理程序。同时对环境评价过程中公众咨询提出了相关要求。在执行期,二者均要求对物质文化资源的相关活动进行报告。

环境评价工具:二者均要求使用物质文化资源管理计划。物质文化资源管理计划的内容相同,均包括:避免或减缓不利影响的措施;偶然发现程序;必要的机构能力加强措施;整个项目过程的监测计划。

公众咨询:二者的咨询对象要求基本相同。都要求咨询项目影响的群体、当地政府管理部门、非政府组织、相关方面的专家等。同时均要求识别可能受影响的物质文化遗产、考虑物质文化遗产的重要性、评价潜在的风险和影响,探索避免和减缓影响的措施。

4.8 ESS9 金融中间机构

4.8.1 标准介绍

ESS9 金融中间机构要求金融中介要监测和管理其项目和子项目的环境和社会风险与影响，方式取决于各种因素，包括金融中介的能力、贷款的特征及涉及范围等。金融中介要建立有效的环境和社会管理系统、程序和能力来评价、管理、监测其项目和子项目的风险和影响。ESS9 金融中间机构具体提出了对金融中介贷款项目的环境和社会影响、管理、监测的条款。

4.8.2 标准目标

明确金融中介评价和管理环境与社会风险和影响的方式；促进优秀的环境与社会管理实践在金融中介贷款项目中的应用；促进良好的环境管理和金融中介内容健全的人力资源管理。

4.8.3 标准的适用范围

标准适用于接受世界银行贷款的金融中介，这些金融中介可能是公共的或者私人的金融机构，包括国家和区域发展银行，直接或间接从世界银行贷款的金融中介都适用于本标准。

本标准适用于世行投资金融中介时明确的子项目；也适用于世行投资金融中介时尚未明确但适用贷款协议的所有的子项目。

4.8.4 标准的要求

金融中介要制定环境和社会管理系统去识别、评价、管理、监测金融中介子项目的环境和社会风险与影响。如果金融中介已有环境和社会管理系统，则需要证明系统已经存在，并准备独立的文件来声明系统中需要提高和修改的地方。

金融中介的环境与社会管理系统包括以下：(1) 环境和社会政策；(2) 识别、评价和管理子项目环境和社会风险和影响的清晰的程序；(3) 组织机构的能力和资格；(4) 对项目和子项目的环境和社会风险和影响的监测和检查；(5) 外部的交流机制。

当项目的环境和社会风险和影响发生重大改变时，金融中介要检查和调整环境和社会管理系统，并且调整要经的世行同意。

所有的金融中介贷款的子项目都必须符合贷款协议和相关国家法律法规的要

求。同时金融中介还需要遵守其他标准的相关要求,比如移民安置、土著居民、社区健康和安全、生物多样性或物质文化遗产方面的标准要求。

根据项目需要,金融中介需要采取和实施额外的环境和社会方面的要求,或者采取相关替代方案。

金融中介要提供一个健康和安全的工作环境。金融中介同样要满足 ESS2 劳工和工作环境的相关要求。金融中介需要提供独立的文件来证明劳动力管理程序,该程序涉及工作条件、雇佣条款、无歧视、机会平等、申诉机制和职业健康和安全。

1. 环境和社会管理系统

(1) 环境和社会政策

金融中介的高级管理要支持其环境和社会政策,政策要包括组织机构保证、目标、环境和社会风险和影响的度量。政策要明确规定金融中介子项目的适用要求,包括以下几条:

①所有的金融中介子项目都要根据相关环境和社会国家及地方法律法规的要求来准备和实施;

②所有的金融中介子项目不能是贷款协议中反对的项目;

③所有的金融中介子项目都需要进行环境和社会风险和影响的筛选;

④涉及其他标准的方面的子项目要符合其他标准的要求。

(2) 环境和社会程序

金融中介要建立清晰的环境和社会程序,程序要能反映和实施金融中介的环境和社会政策。程序要与金融中介的特征、子项目潜在的环境和社会风险与影响的水平相匹配。

环境和社会程序包括以下措施:

①所有的金融中介子项目不能是贷款协议中反对的项目;

②根据潜在的环境与社会风险和影响来对子项目进行筛选、检查和分类;

③所有子项目的评价、准备和实施都要符合国家法律,涉及其他标准的方面的子项目要符合其他标准的要求;

④确保满足上一条的措施在金融中介和下一级子借款人之间的贷款协议中予以明确;

⑤对金融中介子项目的信息进行监测和定期更新;

⑥如果子项目的风险有重大的增长,按照环境和社会标准(ESSs)的要求进行并且用文件记录;

⑦监测金融中介项目的环境和社会风险。

作为环境和社会程序的一部分,金融中介要发展一个拥有清楚的定义风险类型的分类系统。分类系统要考虑: i. 子项目环境和社会风险的特征和大小; ii. 行业和地理环境；ⅲ．贷款类型。风险分类要明确子项目环境和社会尽职调查和风险管理的范围和特征。分类系统要在金融中介整体项目的层次进行系统的聚合和分析。

对所有的子项目都要进行分类。

（3）组织机构能力和资格

金融中介要发展组织机构的能力和资格以便执行环境和社会管理系统，管理系统清晰的定义了角色和职责。金融中介要制定一个高级管理代表对子项目的所有环境和社会情况负责，包括本标准的执行、ESS2 劳工和工作环境的执行和支持这些执行所必要的资源。这个代表要：①指定一个职员来负责 ESMS（环境和社会管理系统）日常的执行，包括环境和社会程序；②确保在环境和社会问题的管理和培训上能获得独立的资源；③确保内部的或者外聘的专家能执行子项目的尽职调查和环境和社会风险的管理，包括按要求提供实施支持。

金融中介要确保本标准和 ESS2 劳工和工作环境的要求与所有相关的人员进行了交流，确保相关人员有必要的知识和能力去按照环境和社会管理系统（ESMS）来管理环境和社会影响。

（4）监测和报告

金融中介要监测子项目的环境和社会执行情况，向金融中介的高级管理提供定期的过程报告，包括环境和社会管理系统（ESMS）有效性的定期检查。

对于子项目发生的任何重大的事件，金融中介都要及时通知世行。如果子项目的风险有重大的增长，金融中介要通知世行并适用环境和社会标准（ESSs）中的相关要求，同时写入环境和社会管理系统（ESMS）。金融中介需监测经世行同意的措施和活动，并向世行报告。

环境和社会管理系统（ESMS）的执行情况，金融中介要向世行提供年度环境和社会报告，包括环境和社会管理系统（ESMS）中环境和社会程序、金融中介项目和子项环境和社会方面的执行情况。年度报告包括本标准要求被实施的细节、子项目的特征、所有的项目风险。

2．利益相关者的参与

金融中介要求子项目要进行利益相关者的参与，这个参与要能反映子项目的类型。环境和社会程序中应包括 ESS10 利益相关者的参与和信息公开中的相关条款。在特定的环境下，根据项目的影响和子项目的类型，世行要求金融中介也进行利益相关者的参与。

金融中介将落实环境和社会问题的外部交流程序，同时及时地对公众询问和关心的问题作出回应。

金融中介要通过自己的网站以书面的形式公开环境和社会管理系统（ESMS）的内容摘要，世行也会在世行的网站上进行公开。

金融中介要求子借款人公开涉及子项目的任何项目相关文件,这些文件要求:(1)环境和社会标准(ESSs)的应用;(2)根据金融中介自己的分类系统任何被定义为高风险的子项目;(3)涉及(1)和(2)的任何环境和社会监测报告。

4.9 ESS10 利益相关者的参与和信息公开

4.9.1 标准介绍

本标准强调了借款人和项目利益相关者之间的公开透明的公众咨询的重要性,有效的公众咨询能提高项目的环境和社会可持续性,提高项目的可接受程度,对成功的项目设计和实施能作出重大的贡献。

公众咨询过程贯穿在项目的全周期内。在项目的早期开始公众咨询时最为有效,公众咨询是早期进行项目决定不可缺少的一部分。本标准要与ESS1环境和社会风险与影响的评估和管理共同使用,在其他标准中也对相关方面的公众咨询作出了要求。

ESS10 利益相关者的参与和信息公开阐述了世行贷款项目在公众咨询和信息公开方面的要求,与原有安保政策的要求类似。

4.9.2 标准目标

建立系统的公众咨询的方法来帮助借款人识别利益相关者、与利益相关者建立和保持良好的关系,特别是受项目影响的群体。

评价利益相关者的兴趣和支持项目的程度,在项目设计、环境和社会方面考虑利益相关者的建议。

在项目的全周期内促进和提供有效的方式与受项目影响的群体沟通,针对那些可能潜在影响他们的问题进行沟通。

确保合理的环境和社会影响方面的信息能够采用及时的、易于理解的、可接受的、合理的方式向利益相关者公开。

向受影响群体提供申诉渠道并要求借款人对申诉进行回应和管理。

4.9.3 标准的适用范围

标准适用于所有投资项目贷款支持的项目。就像ESS1环境和社会风险与影响的评估和管理中所述,利益相关者的参与作为项目环境和社会评价、项目设计和实施不可缺少的一部分。

利益相关者包括：

（1）被项目影响或可能被项目影响的个体或群体；

（2）对项目感兴趣的个体和群体。

4.9.4 标准的要求

借款人要在项目的全周期内进行利益相关者的参与，在项目过程中尽可能早地开始，同时要有一个时间表。根据项目的特征、范围和潜在风险和影响来决定公众参与的类型、范围和频次。

借款人要与所有的利益相关者进行有效的咨询。借款人要向利益相关者提供及时的、相关的、易理解的、可接受的信息，并采用合适的方式去咨询，这些方式不能是强迫的、有歧视的、带有恐吓、涉及冲突的方式。

利益相关者的参与涉及以下内容：（1）利益相关者的识别和分析；（2）关于如何进行利益相关者参与的计划；（3）信息公开；（4）与利益相关者的磋商；（5）处理申诉和回应申诉；（6）对利益相关者进行反馈。

作为环境和社会评价的一部分，借款人要公开利益相关者参与的文件，包括公众参与过程的描述、接受的反馈的主要内容、反馈如何被考虑的说明或为何反馈没被接受的原因。

1. 项目准备期的公众参与

（1）利益相关者的识别和分析

借款人要识别不同的利益相关者，既包括受影响群体，也包括其他感兴趣的群体。

借款人要识别那些受影响的群体，由于他们的特殊情况，也许是残疾的或易受伤的。根据识别情况，借款人进一步识别对项目影响、消减机制、项目利益有不同观点的个体或群体。利益相关者识别和分析时进行充分的工作能确定项目适合的公众参与的程度。

根据项目在环境和社会风险和影响方面潜在的重要性，可能要求借款人聘请独立的第三方专家来帮助利益相关者的识别和分析。

（2）利益相关者参与计划

借款人要完成符合项目特征、范围和潜在的环境社会影响的利益相关者参与计划（SEP）。利益相关者参与计划（SEP）的草稿要在项目评估之前尽早公开，借款人要寻找利益相关者参与计划（SEP）中利益相关者的观点，包括利益相关者的识别和将来参与的建议书。如果利益相关者参与计划（SEP）有重大的改变，借款人要公开更新后的利益相关者参与计划（SEP）。

利益相关者参与计划（SEP）描述了公众参与的时间和方式，这些时间和方式要经世行和借款人达成一致，利益相关者参与计划（SEP）还要区分受影响人群和其他感兴趣群体。利益相关者参与计划（SEP）同时描述了咨询信息内容的范围和时间，以及信息内容的类型。

利益相关者参与计划（SEP）的设计时要考虑利益相关者的主要特征和兴趣，对于不同的利益相关者应进行不同的咨询。SEP要明确利益相关者的观点如何在项目准备和实施过程中予以处理。

利益相关者参与计划（SEP）还包括通常用来消除参与过程中障碍的措施，和如何捕捉不同受影响群体的观点。在必要的时候，利益相关者参与计划（SEP）包括针对残疾人和有缺陷的参与者进行有效参与的措施。和这些不同的受影响群体交流时可能需要多余的资源和专用的方法，以便他们能够获得会潜在影响他们的问题的相关信息。

当和当地个体和群体的公众参与实际上取决于群体代表时，借款人将通过合理的努力来证明这些人能实际代表那些个体和群体的观点，同时他们能够以合适的方式来促进交流过程。

在特定的情况下，取决于可获得的项目信息的水平，利益相关者参与计划（SEP）将采用一个框架的格式，框架采用通用的原则和合作的策略去识别利益相关者和计划参与过程。

（3）信息公开

借款人要向利益相关者公开项目的风险和影响信息、和潜在的机会。借款人在项目通过世行评估之前尽早开始给利益相关者提供能获得信息的路径。信息公开内容包括：

①项目目标、特征和范围；

②项目活动持续时间；

③项目对当地群体潜在的风险和影响，消减的建议、避免和最小化潜在风险和影响不成比例的影响弱势群体的措施；

④预计的利益相关者参与的过程；

⑤预计的公众咨询会议的时间和地点，会议通知、总结和报告的方式；

⑥申诉能够被受理和处理的程序和方式。

信息公开要采用当地的语言和根据当地文化可以接受的方式，考虑受项目影响的任何特别群体的需要，比如考虑残疾人、性别、语言能力、不同的接受能力等。

（4）合理的咨询

借款人进行合理的咨询过程，过程要给利益相关者提供表达他们对于项目风险、影响、消减措施的观点，对他们的观点借款人要进行考虑和相应。合理的咨询要随着问题的特征、逐步形成的影响和机会不间断的进行。

合理的咨询是一个双向的过程：

①在项目早期尽早开始收集项目建议和项目设计方面的最初观点；

②鼓励利益相关者负反馈，尤其是作为了解项目设计和确保在识别和消减项目环境社会风险和影响方面的公众参与的一种方式；

③随着风险和影响的出现，进行持续的咨询；

④基于之前相关的、透明的、有目标的、合理的、容易接受信息的优先宣传和公开，这些信息有一个时间表且能使公众咨询以一个合理的方式（采用当地语言和以理解的方式）进行；

⑤对意见进行考虑和反馈；

⑥支持活动并进行受影响群体公众参与；

⑦咨询过程中没有强迫、歧视、恐吓、冲突等；

⑧由借款人进行记录和公开。

2. 项目实施期的参与和外部报告

借款人要在项目的全周期内以合理的方式进行与受影响群体和其他感兴趣的群体进行参与，给其提供相关信息。

在实施期，借款人继续根据利益相关者参与计划（SEP）进行公众参与，建立沟通和参与渠道。特别是，借款人要寻找利益相关者关于环境社会方面和环境和社会保证计划（ESCP）中消减措施执行情况的反馈信息。

如果项目有重大改变导致了额外的风险和影响，特别是对受影响群体的影响，借款人要提供这些风险的信息并针对如何消减这些影响咨询受影响群体。借款人同时公开更新的环境和社会保证计划（ESCP），在其中明确所有额外的措施。

3. 申诉机制

借款人对涉及项目环境社会方面受影响群体的关心和抱怨进行及时回应。为了达成这个目的，借款人要设立申诉机制去达到和方便解决这些关心和抱怨。

4. 组织机构能力和保证

借款人要定义清晰的角色、职责、权利和指定特定的人员去回应公众咨询活动的实施和监测。

第 5 章　世界银行环境、健康与安全导则

5.1　世界银行环境健康及安全导则介绍

5.1.1　环境健康及安全导则概要

世界银行重视环境、健康和安全,为了减少伤害、事故、污染物、废物、经营成本和潜在不利因素,提高可造性、效益、信誉和可信度,世行制定了环境健康及安全导则。世界银行集团的环境、健康和安全导则是技术参考文件,是实践应用的技术规范,包括项目适用的标准限值和优质国际工业实践(GIIP)所采用的一般及具体行业的范例。环境、健康和安全指南包括《通用环境、健康和安全指南》和《行业部门环境、健康和安全指南》两部分,在处理具体项目时《通用 EHS 指南》应与相关的《行业部门 EHS 指南》共同使用,前者提供的指南针对通用的问题,后者提供的指南针对具体行业部门的环境、健康和安全(EHS)问题。如果遇到复杂的项目,可能需要使用针对多个行业的指南。世界银行的环境、健康和安全指南可以在以下网站上找到:www.ifc.org/ifcext/sustainability,http://www.ifc.org/ifcext/enviro.nsf/Content/EnvironmentalGuidelines。

通常对于世界银行贷款项目,要求考虑项目的环境、健康和安全因素。在项目筛选期,应及早识别 EHS 方面的项目危害和相关的风险,包括在选址过程、产品设计过程、基建的工程规划过程、工程作业指示书、设施改造核准书或布局及流程更改计划书中考虑 EHS 因素。同时安排拥有评估和管理 EHS 影响及风险经验、资格和培训经历的 EHS 专业人员参与相关工作,并开展专门履行环境管理职能,包括在编制项目或具体作业活动的计划和程序时,采纳 EHS 指南中对项目适用的技术建议。在项目准备期、环境评价中,应识别确定项目可能对环境、健康和安全方面造成的风险和危害,并根据这些风险和危害的性质和等级采用避免和消减的措施来降低项目在 EHS 方面的影响。同时让工人及附近受影响社区做好应对措施,包括提供技术和财务资源以有效和安全地控制该类事件,以及将工作场所和社区环境恢复到受影响前安全和健康的状况。在项目进入实施期后,持续监测相关 EHS 措施和设施的效果,同时进行切实有效的问责,进一步改进提高 EHS 的效果。

5.1.2 环境、健康与安全通用指南

《通用环境、健康和安全指南》由国际金融公司(IFC)制定,但是该指南不仅适用于国际金融公司的项目,也适用于所有世界银行集团的贷款项目。《通用环境、健康和安全指南》具有强制性,但是应根据项目的特点有选择性使用,而不是完全照搬。该指南规定了项目在环境、健康和安全方面的要求、指标和措施,这些指标和措施是通常认为在新设施中采用成本合理的现有技术就能实现的指标和措施。在对现有设施应用《通用环境、健康和安全指南》时,可能需要制定具体针对该场所的指标,并需规定适当的达标时间表。在应用《通用环境、健康和安全指南》时,应根据每个项目确定的危险和风险灵活处理,其依据应当是环境评价的结果,并应考虑到该场所的具体变量(例如当地能力、项目的规模)以及项目的其他因素。具体技术建议是否适用应根据有资格和经验的人员提出的专业意见来决定。如果借款国的规则不同于《通用环境、健康和安全指南》所规定的指标和措施,世界银行要求项目要达到两者中要求较高的指标和措施。如果根据项目的具体情况认为适于采用要求较低的指标和措施,则在针对该场所进行的环境评价中需要对提出的替代方案作出详尽的论证。该论证应表明修改后的指标能够保护人类健康和环境。

《通用环境、健康和安全指南》的篇章如下:

通用环境、健康和安全指南

1 环境
   1.1 大气排放物和环境大气质量
   1.2 节约能源
   1.3 废水和环境水质量
   1.4 节水
   1.5 危险物质的管理
   1.6 废弃物管理
   1.7 噪声
   1.8 土地污染

2 职业健康与安全
   2.1 一般设施的设计和运行
   2.2 沟通和培训
   2.3 人体危险
   2.4 化学危险
   2.5 生物危险
   2.6 放射性危险

> 2.7 个人防护用具(PPE)
> 2.8 特别危险环境
> 2.9 监督
> 3 社区健康与安全
>   3.1 水的质量和供应
>   3.2 项目基础设施的结构安全性
>   3.3 人身安全和防火安全(L&FS)
>   3.4 交通安全
>   3.5 运输危险物质
>   3.6 疾病预防
>   3.7 紧急情况应对准备和处理
> 4 项目施工和项目拆除
>   4.1 环境
>   4.2 职业健康与安全
>   4.3 社区健康与安全

5.1.3 行业环境、健康、安全(EHS)指南

世行贷款项目要求在使用《通用 EHS 指南》的基础上再根据项目的行业、特点、规模等加以选择性使用相关的《行业部门 EHS 指南》。《行业部门 EHS 指南》目前有 64 个，如果遇到复杂的项目，可能需要多个行业的指南共同使用。世界银行现有的行业 EHS 指南介绍如下：

（1）森林：木板和颗粒板制造、锯木业和木产品加工、森林采伐、纸浆和纸加工。

（2）农业综合企业/食品加工：哺乳动物牧业生产、家禽生产、种植作物生产、年度作物生产、水产业、糖制造业、植物油加工、乳品加工、鱼类加工、肉类加工、禽类加工、酒厂、食品和饮料加工。

（3）化学制品：制药和生物技术制造业、煤加工、天然气加工、化学品制造、氮肥生产、磷肥生产、农药配方制造和包装、以石油为原料的聚合物生产、炼油、大量石油有机化学品制造、大量无机混合物制造和煤焦油蒸馏。

（4）石油和天然气：海上石油和天然气开采、陆地石油和天然气开采、液化天然气设施。

（5）基础设施：旅游业和酒店开发、铁路、港口海港和码头、机场、航空业、船舶工业、气体分配系统、收费公路、通讯、原油和石油产品终端、石油零售网络、卫生设施、废弃物管理设施、水和下水道设施。

（6）矿业：采矿。

（7）一般制造业：水泥和石灰生产、瓷砖和卫浴生产、玻璃制造、建筑材料提取、纺织品制造、皮革制造、半导体和电子设备制造、印刷、铸造厂、综合钢厂、基本金属冶炼和精炼、金属塑料橡胶制品制造。

（8）能源：风能、地热电站、输变电、热力发电厂。

5.2 环境、健康及安全导则与国内体系的区别与联系

在针对具体项目时，世界银行和国内都要求考虑项目的环境、健康和安全。世界银行将环境、健康和安全均作为环境评价的一部分，体现在环境评价文件中，由项目环境评价和管理机构来负责评估和管理项目所涉及的环境、健康和安全部分。而国内环境、健康和安全分属不同的管理部门，环境属环保部门管理、职业健康属卫生部门管理、安全属安全部门管理。在环境评价期间，国内环境评价仅单纯对环境方面进行评价，并不涉及职业健康和安全方面的内容。在项目实施期间，世行项目由第三方监测机构来对项目的环境、健康和安全进行检查，而国内项目则由各自方面的管理部门来对项目的职业健康和安全方面进行检查。

5.3 环境、健康及安全导则的应用案例

（1）项目名称：世界银行贷款××省燃气利用项目

（2）项目目标

改变××省的能源结构，促进节能减排，改善大气环境，提高公众生活和健康水平。

（3）项目内容

项目包含二大类别，热电厂和天然气输送管网的建设，共六个子项目，范围涉及××省内6个县。

其中二个热电联产子项目，建设内容包括热电厂、供气管线、供水和排水管网、供热管网、输变电线路的建设，热电厂采用天然气为燃料。在施工期需要设置施工营地。

四个城网子项目，主要是天然气输送管网的建设。

（4）环境、健康和安全指南的选择

项目是世界银行贷款项目，因此项目要适用《通用环境、健康和安全指南》的相关要求，同时根据各子项目的描述，项目建设热力发电厂和输变电线路，因此，选择在行业环境、健康和安全指南目录里选择对应的《热力发电厂环境、健康与安全通用指南》（热力发电厂 EHS 指南）和《输变电工程 EHS 指南》。综上，项目同时适用于《通用环

境、健康和安全指南》《热力发电厂环境、健康与安全通用指南》和《输变电工程 EHS 指南》。

(5) 环境、健康和安全影响识别

环境、健康和安全识别主要考虑项目在环境方面的质量标准限值、设施排放限值以及在项目准备、施工、运营各阶段在环境、职业健康和安全方面的原则和应当采取的措施。

在项目筛选期,应及早识别项目涉及的环境、健康和安全(EHS)要素。EHS 中涉及项目的各种质量标准和排放标准,包括环境大气质量限值、噪声质量限值、工频电场和工频磁场限值、燃机排放限值、职业健康与噪声安全限值等。项目在设计阶段在节能、节水、噪声预防等方面应尽早考虑 EHS 中的相关要求;项目在施工期考虑对工人职业健康和安全、交通安全、施工营地饮用水安全和疾病控制等方面的影响;在运营期考虑输电线路电磁辐射对沿线居民的影响、升压站电磁辐对热电项目厂区内工作人员的影响、热电厂余热锅炉爆炸、燃气管道及变压器故障风险对人身安全的影响、高温影响、触电安全等。

(6)《通用环境、健康和安全指南》的应用

根据《通用环境、健康和安全指南》相关内容,本项目要考虑项目的各种质量标准和排放标准,包括环境大气质量限值、噪声质量限值等。同时还要结合项目阶段考虑职业健康和安全、交通安全、节能、节水、施工营地饮用水安全和疾病控制、高温等方面的影响。

①环境大气质量限值

因中国是燃煤大国,环境空气质量标准采用符合中国国情的中国标准,不强制使用世行《通用环境、健康和安全指南》中的标准。6 个子项目均处于农村、工业、商业混合区,环境空气功能属于二类区,其标准执行《环境空气质量标准》(GB3095-2012)中的二级标准。

②噪声质量限值

国内与世行执行的《通用环境、健康和安全指南》中居住、办公、文教噪声级指导值相同;工业、商业设施严于世行《通用环境、健康和安全指南》标准;《通用环境、健康和安全指南》对交通,商业、居住混杂区没有规定。国内标准和世行不一致,采用较严格的标准,因此,本项目采用国内相应标准。

③职业健康和安全

主要体现在城网子项目施工期和热电厂运营期,城网子项目施工期在焊接工作区使用焊接挡板,焊接作业者提供焊接护目镜和/或面罩。

热电厂运营期采取以下措施:

对大声功率设备集中的场所,设置良好的隔声值班控制室;

对于长期暴露于高噪声的作业人员,应佩戴耳塞,并定期为其检查听力;

定期组织员工活动,减轻员工压力,使员工身心愉悦;

合理采取"轮班制""工作调换"等管理手段来减少噪声对人体的影响。

④交通安全

在所有子项目的施工阶段考虑交通安全,采取以下措施:

对驾驶人员强调安全规则;

提高驾驶技术,规定驾驶人员必须拥有驾驶执照;

限制驾驶时间,编排驾驶员轮班表,避免过于疲劳;

避免危险的道路,避免一天中危险的时间驾驶车辆,从而减少发生事故的可能性;

定期保养车辆,使用制造商核准的部件,避免因为设备故障或部件过早失效而发生严重事故;

尽量减少行人与施工车辆同时使用道路的情况;

与当地社区和主管当局进行合作,改进路标,提高能见度,增进道路整体安全程度,尤其是在学校和其他有儿童区域附近的道路,与当地社区共同进行交通教育和行人安全教育(例如在学校进行宣传活动);

与紧急情况处理人员进行协调,确保在发生事故时提供适当的急救;

尽量使用当地购买的材料,以便缩短运输距离,将有关的设施(例如工人宿舍)建在项目现场附近,用大轿车运送工人,避免增加交通流量;

采用安全交通控制措施,通过路标和信号员警告来往人员和车辆存在危险状况。

⑤节能和节水

主要在热电子项目设计阶段进行考虑,采取以下措施:

充分利用现有基础设施,结合项目区县生活污水处理厂的具体情况,选取合理的供水来源和排水方式,并确保供水水质符合相关要求,排水符合相关法律标准;

水处理流程设计尽可能利用重力流以节能降耗;

在满足工艺要求的前提下,采用循环利用、综合利用等方式,提高水的重复利用率。

⑥施工营地饮用水卫生

在热电厂施工期营地采取以下措施:

施工营地饮用水使用市政自来水,由专人负责管理,盛水容器必须每天清洗、消毒,使用时必须加盖,并不得放置在易受粉尘、废气或废水影响的地方。

对于采购食品,需按照有关规定进行索证,同时,应相对固定食品采购的场所,以保证其质量,禁止采购腐败变质、油脂酸败、霉变、生虫、污秽不洁、混有异物或者其他感官性状异常、含有毒有害物质或者被有毒、有害物质污染,可能对人体健康有害的

食品,检验不合格的肉类及其制品,超过保质期限或不符合食品标签规定的包装食品;

食品贮存应当分类、分架、隔墙、离地存放,定期检查、及时处理变质或超过保质期限的食品,食品贮存场所禁止存放有毒、有害物品及个人生活物品,生食品、半成品和熟食品应分柜存放;

食堂管理人员必须经常检查食堂的安全和卫生工作,要保证房间、用具、人员的清洁卫生。

⑦施工营地疾病控制

施工营地设置专责或兼职环卫工作人员,在施工场地合理布置垃圾箱,垃圾箱应及时清理和消毒(洒石灰粉、喷洒消毒药水等),严禁出现垃圾箱溢出现象,场内任何角落不得随意堆放垃圾。

施工营地集中供应的饮用水采用专人负责管理,盛水容器必须每天清洗、消毒,使用时必须加盖,并不得放置在易受粉尘、废气或废水影响的地方。

应为施工人员提供宿舍,而不是帐篷。

施工营地厕所使用旱厕,厕所应尽量远离食堂,设置在施工营地的下风向,定期由环卫部门清运。施工完毕后,洒石灰消毒并覆土掩埋。

对于患有病毒性肝炎、活动性肺结核等严重有碍食品卫生病症的食堂工作人员,不得从事食堂工作;对于有咳嗽、腹泻等有碍食品卫生的病症的食堂人员,应立即脱离岗位,待查明病因、排除病症或治愈后,方可重新上岗。避免食堂人员将疾病传给其他人员。

对于以施工人员为主要服务对象的小商贩和娱乐场所等,均应获得当地工商管理部门的认可,以预防和控制传染病。

施工承包商应常备各种急救药品,并严格控制进货渠道,定期检查库存情况,以防假药和过期药品的使用。

(7) 行业环境、健康和安全指南的应用

本项目适用《热力发电厂环境、健康与安全通用指南》和《输变电工程 EHS 指南》,其中《热力发电厂环境、健康与安全通用指南》考虑的主要有热电厂燃机排放限值、职业健康与安全噪声标准、噪声、非电离辐射、热等;《输变电工程 EHS 指南》主要考虑电场和磁场标准限值。

①《热力发电厂环境、健康与安全通用指南》

热电厂燃机排放限值:燃气轮机废气排放标准国内执行《火电厂大气污染物排放标准》(GB13223-2011)中燃气轮机组标准限值。国外标准根据《热力发电厂环境、健康与安全通用指南》(热力发电厂 EHS 指南)适用性说明,热输入总量低于 50 MWh 的燃烧设施执行《环境、健康与安全通用指南》(通用 EHS 指南)第 1.1 表 2 小型燃烧设施排放指导值中天然气、≥15 MWh＜50 MWh的透平机组标准限值。对比后国内标准严于《热力发电厂环境、健康与安全通用指南》标准限值，因此，本项目执行《火电厂大气污染物排放标准》(GB13223-2011)。

职业健康与安全噪声标准：国内没有要求，《热力发电厂EHS指南》要求按照《通用EHS指南》，项目执行《通用EHS指南》相关标准限值。

噪声：主要在设计阶段提前考虑噪声的减小和防治，项目提出以下措施：尽量选用低噪声设备和工艺，对噪声较高的设备，订货时按电力设计规程向制造厂家提出噪声限值要求；对直接空冷风机在设备招标时向设备厂家提出噪声限值，选择超低噪音风机。在厂区总平面布置方面，结合厂区周边噪声敏感设施的分布，优化总平面布局，将噪声水平较高的设备设施布置在厂区中央或远离村庄的一面，尽量利用噪声的远距离衰减满足环保要求的噪声控制标准。

非电离辐射：主要考虑在热电厂运营期采取相关措施：对工人进行鉴别职业性电磁场接触和危险的培训；通过合理的轮换作业，限制工人和电磁场的接触时间；尽可能增加电磁辐射源与作业人员之间的距离。

热：同样考虑热电厂运营阶段采取措施：定期检查和维护压力容器和高压管道；工作区域采取足够的通风措施，降低温度和湿度；缩短高温环境中的作业时间，确保饮用水供应；对于工人与高温操作设备密切接触的表面，采取防护措施，包括发电设备、管道等；在高温表面附近设置警告标志，使用适当的个人防护设备，包括隔热的手套和鞋。

② 《输变电工程EHS指南》

工频电场、工频磁场标准在国内执行《500 kV超高压送变电工程电磁辐射环境影响评价技术规范》(HJ/T24-1998)中限值，世行执行《输变电工程EHS指南》中限值；

无线电干扰限值标准国内执行《高压交流架空送电线无线电干扰限值》(GB15707-1995)：在0.5 MHz，无线电干扰水平46 dB(μV/m)，世行无要求；

针对热电厂内升压站的电磁辐射影响，国内执行《500kV超高压送变电工程电磁辐射环境影响评价技术规范》(HJ/T24-1998)中限值，世行执行《热力发电厂EHS指南》中限值。

对比相关限值后可知，工频电场、工频磁场标准国内标准严于《输变电工程EHS指南》指南标准限值，确定本项目工频电场、工频磁场标准执行严者国内标准限值；

无线电干扰限值标准执行国内《高压交流架空送电线无线电干扰限值》(GB15707-1995)：在0.5 MHz，无线电干扰水平46 dB(μV/m)。

(8) 项目实施后环境、健康和安全(EHS)效果监测和改进

在项目进入实施期后，持续监测相关环境、健康和安全(EHS)措施和设施的效果，同时进行切实有效的问责，进一步改进提高环境、健康和安全(EHS)的效果。

第6章 环境影响评价报告

6.1 环境影响评价报告文件的总体要求

全部 A 类项目和部分 B 类项目需要编写环境影响评价报告,环境评价报告要确保安保政策和项目主要的环境问题在环境评价过程中得到充分的考虑和解决。世界银行环境评价报告要综合考虑自然环境(空气、水和土地)、人类健康与安全、社会环境及跨界和国际问题。

6.2 项目环评报告的编写

一般情况下 A 类项目的环评报告内容应包括相关政策法规、项目概况、项目自然和社会环境现状、预测和评价环境影响、替代方案分析(从多角度和无方案时进行对比分析以及和其他方案对比分析)、累积性影响评价、公众参与和信息公开、环境管理计划(包括减缓、监测措施和机构加强等内容)、附录(移民安置计划、公众咨询记录和其他需要的资料)等内容,其中累积性影响评价是 A 类项目必须要做的部分。B 类项目环评报告结构与 A 类项目类似,但不需要累积性影响评价。

6.2.1 相关政策法规

叙述开展项目环境影响评价的相关政策、法律和管理体制,包括国内的法律法规、地方法规、技术规范、涉及的世界银行的安保政策、国内标准与世界银行标准对比并根据相关要求确定最终的适用标准。

6.2.2 项目概况

简要描述拟议项目名称、项目位置、项目内容、项目技术指标、工艺过程、项目平面布置、施工方式和其他关联工程等,例如,专用管道、出入现场的道路、发电厂、供水、住房以及原材料和产品的贮存设施,通常还应包括地图,以显示该项目的位置和影响的区域。

6.2.3 项目自然和社会环境现状

描述该地区相关的自然、生态和社会经济条件,自然环境包括地理位置、地形地貌、水文地质、矿产资源、气候气象等;生态环境包括项目所在区域土壤、动植物情况、水土流失等;社会经济条件包括行政区划、区域经济条件、交通设施等。评价该地区大气、水、噪声、辐射等环境现状,指出存在的环境问题。

6.2.4 预测和评价环境影响

尽可能用定量方法预测和评价项目可能产生的正面和负面影响,确定缓解措施以及遗留的不能缓解的负面影响。

6.2.5 替代方案分析

对拟议项目的选址、技术、设计和运行的各种可行的替代方案,进行系统的比较——包括"无项目"方案。比较内容包括:潜在的环境影响;减轻这些影响的可能性;资本金和经常性开支;在当地条件下的适应性以及对机构、培训和监测的要求。对每一种替代方案,应尽可能将环境的影响量化,并在适当之处加入经济价值。陈述选择某一项目设计的依据,并说明所提排放标准及预防和减污措施的理由。

6.2.6 累积性影响评价

考虑项目影响与过去、现在及将来可预见活动的影响叠加时,造成环境影响的后果,评价累积性影响的程度并提出必要的减缓措施。

6.2.7 公众参与和信息公开

说明公众参与和信息公开的目的,公众咨询和信息公开的方法、咨询轮次、咨询方式、咨询内容、信息公开的途径和内容。列出公众咨询纪要、意见和反馈。

6.2.8 环境管理计划(EMP)(单独成册)

包括缓解措施、监测和机构能力建设。

6.2.9 附件

环评单位机构简况、图标及参加项目环境影响评价报告准备的人员名单(名单中除列出环评人员的资质等相关信息外,还应列出在从事世行环评中承担的专题名称)。图标为环评单位的图形标记。

参考文献——在研究工作中使用的已出版和未出版的书面材料。

部门会议及征求意见会议的记录,包括收集受影响人群的当地非政府组织(NGOs)的意见。记录还应详细说明除征求意见(例如调查)外所采用的其他获取意见的途径。

正文提及的表格或汇总的数据表格。

相关数据报告的清单(例如移民安置计划或少数民族发展计划)。

6.3　国内项目环评报告和世行贷款项目环评报告的区别

国内项目环评报告内容包括总论、自然和社会环境概况、项目概况和工程分析、环境影响因子识别和筛选、环境影响评价、污染物排放总量控制、环境管理与监测计划、环境影响经济损益分析、公众参与、环境保护对策、厂址可行性分析、评价结论、附件等。世界银行环评报告与国内环评的大体内容类似,但是有些特殊的要求,世行项目环评报告要求进行替代方案分析,A 类项目环评报告还要求必须进行累积性影响评价。在其他具体的内容上也有区别,主要区别如下:

相关政策法规:国内项目一般在总论章节;世行贷款项目环评报告要求列出世行的相关政策及标准,且与国内相应标准进行对比,选取适合项目的标准。

替代方案分析:国内项目一般不做强制要求;世行贷款项目要求对拟议项目的选址、技术、设计和运行的各种可行的替代方案进行系统的比较——包括"无项目"方案。

累积性影响评价:国内项目一般不进行累积性影响评价;世行项目大多需要进行累积性影响评价。

公众参与和信息公开:相比国内项目环评报告的要求,世行公众参与和信息公开更加强调和受影响群体的互动,对于受影响群体的建议均要明确反映在该章节内并对这些建议做出合理的考虑。

环境管理与监测:国内环评报告大多只考虑运营期环境管理和污染源监测;而世行带框项目环境管理计划更为全面地对项目的环境管理工作提出了要求,包括项目设计阶段、施工期、运营期等全过程的环境管理要求以及实现这些要求需要的安排(机构设置、人员能力、培训计划等)。

6.4　项目实例

以××轨道交通项目作为一个实例,该项目环评报告书包括以下章节。

××轨道交通项目环评报告

前言
1 总则
  1.1 项目背景
    1.1.1 项目简介
    1.1.2 项目由来
    1.1.3 项目开发目标
    1.1.4 项目业主
    1.1.5 项目地理位置
    1.1.6 环境特点
  1.2 环境评价的目的、内容及组织
    1.2.1 环境评价目标
    1.2.1 环境评价报告内容
  1.3 环境影响识别及评价因子筛选
  1.4 评价重点
  1.5 环评队伍
  1.6 环评思路和方法
  1.7 评价类别与评价等级
  1.8 项目研究和评价范围
  1.9 环境保护目标
  1.10 评价工作程序
2 环境政策、法律法规框架和编制依据
  2.1 法律法规
  2.2 地方法规
  2.3 规范性文件
  2.4 技术规范及标准
    2.4.1 环境影响评价技术导则及规范
    2.4.2 评价标准
  2.5 城市规划及环境功能区划文件
  2.6 世界银行安全保障政策
  2.7 拟建项目与区域相关政策和规划的符合性分析
    2.7.1 与城市总体规划一致性分析
    2.7.2 与交通建设规划一致性分析
    2.7.3 与规划环评一致性分析
    2.7.4 与地区经济社会发展规划的符合性分析
    2.7.5 与生态功能区划的符合性分析

3 项目描述
　3.1 工程建设背景
　3.2 工程建设必要性
　3.3 项目概况
　　3.3.1 项目内容
　　3.3.2 结构形式及施工方法
　　3.3.3 通风与空调
　　3.3.4 给排水
　　3.3.5 工程数量
4 环境状况
　4.1 自然环境概况
　　4.1.1 地理位置
　　4.1.2 地形地貌
　　4.1.3 工程地质
　　4.1.4 水文地质
　　4.1.5 气象
　　4.1.6 地震
　　4.1.7 土壤
　　4.1.8 植物资源
　　4.1.9 声环境
　　4.1.10 环境振动
　　4.1.11 环境空气
　　4.1.12 水环境
　4.2 生态环境
　4.3 社会环境概况
　　4.3.1 行政区域划分及人口
　　4.3.2 区域经济
　　4.3.3 物质文化资源
　　4.3.4 交通设施
　　4.3.5 少数民族
　　4.3.6 矿产资源
　　4.3.7 旅游资源
　4.4 主要环境问题
　4.5 小结
5 环境影响预测评价及环境保护措施
　5.1 世界银行安全保障政策分析

  5.1.1　安全保障政策筛选
  5.1.2　评价分析
 5.2　国内类似工程环保问题分析
  5.2.1　主要问题
  5.2.2　经验教训
  5.2.3　本工程应对措施
 5.3　声环境影响预测评价及声环境保护措施
  5.3.1　预测评价
  5.3.2　噪声污染防治措施
 5.4　环境振动影响预测及保护措施
  5.4.1　施工期环境振动影响
  5.4.2　运营期环境振动预测
  5.4.3　环境振动保护措施
 5.5　水环境影响预测评价及水环境保护措施
  5.5.1　对地表水预测评价
  5.5.2　对地表水保护措施
  5.5.3　对地下水预测评价
  5.5.4　对地下水保护措施
 5.6　生态环境影响评价及生态环境保护措施
  5.6.1　对生态环境的影响
  5.6.2　对城市生态环境影响的防护
  5.6.3　生态环境保护与不利影响减缓措施分析
 5.7　环境空气影响预测评价及环境空气保护措施
  5.7.1　预测评价
  5.7.2　环境空气污染防治措施
 5.8　电磁影响预测评价及保护措施
  5.8.1　预测评价
  5.8.2　电磁污染防治措施
 5.9　固体废弃物影响评价及处理保护措施
  5.9.1　影响分析
  5.9.2　施工期固体废弃物处理措施
  5.9.3　运行期固体废弃物处理措施
 5.10　社会环境影响评价及社会环境保护措施
  5.10.1　施工期社会影响分析
  5.10.2　运营期社会影响分析
  5.10.3　社会环境保护措施
 5.11　评价小结

6　累积性影响分析
　6.1　累积性影响分析区域的界定
　6.2　区域相关工程分析
　　6.2.1　项目区域在建其他地铁项目影响分析
　　6.2.2　项目区域在建其他重大工程影响分析
　6.3　累积性影响评价
　　6.3.1　对交通的累积性影响评价
　　6.3.2　对区域噪声和振动的累积性影响评价
　　6.3.3　城市土地利用的累积性影响分析
　　6.3.4　对生态环境的累积性影响分析
　　6.3.5　对社会环境的累积性影响分析
　　6.3.6　意见和建议
　　6.3.7　结论

7　替代方案分析
　7.1　零方案分析
　7.2　工程选线技术方案比选
　　7.2.1　选线原则
　　7.2.2　典型线路方案比选
　　7.2.3　车站方案比选
　7.3　施工方案比选
　　7.3.1　区间施工方案比选
　　7.3.2　车站施工方案比选

8　环境风险分析及减缓措施
　8.1　环境风险识别
　　8.1.1　施工期
　　8.1.2　运行期
　8.2　环境风险影响分析
　　8.2.1　施工期
　　8.2.2　运行期
　8.3　环境风险防范与减缓政策措施

9　拆迁与移民安置
　9.1　移民情况
　9.2　项目影响
　9.3　法律框架
　　9.3.1　适用的法律依据
　　9.3.2　国内移民政策和世行移民政策和实践的差异

9.4 项目征地与拆迁
  9.4.1 项目占地及实物指标简介
  9.4.2 项目世界银行贷款部分工程项目占地及实物指标
9.5 受影响对象情况
  9.5.1 受影响的人口
  9.5.2 受影响人口的经济状况
9.6 移民安置
  9.6.1 移民安置目标
  9.6.2 移民安置任务
  9.6.3 安置政策和原则
  9.6.4 安置的措施
  9.6.5 移民安置机构
  9.6.6 申诉解决机制
  9.6.7 监测与评估
  9.6.8 移民安置费用概算
9.7 移民安置的环境影响分析与评述
  9.7.1 移民安置环境适宜性分析
  9.7.2 移民安置的合理性分析
  9.7.3 搬迁对就业及经济收入的影响
  9.7.4 对于移民安置区环境的影响分析
  9.7.5 基础设施改复建环境影响分析
9.8 移民安置环境保护措施
  9.8.1 规划与设计阶段
  9.8.2 工程施工阶段
  9.8.3 搬迁安置中的环评要求

10 公众参与与信息公示
10.1 公众参与的目的
10.2 调查方法和过程
10.3 公众参与调查过程和内容
  10.3.1 专题协作
  10.3.2 网上公示
  10.3.3 第一次调查问卷
  10.3.4 公众座谈会
  10.3.5 文本公示
  10.3.6 第二次问卷调查
  10.3.7 报纸公示
  10.3.8 公众反馈意见的机制

10.3.9　项目实施期间公众参与机制
10.3.10　小结

11　环境管理计划
11.1　环境管理计划的目的
11.2　环境管理计划的内容
11.3　环境管理体系
11.4　环境管理机构
　11.4.1　建设单位环境管理
　11.4.2　环境监理
　11.4.3　承包商环境管理
　11.4.4　管理中心和管理站点环境管理
11.5　环境管理培训
　11.5.1　培训目的
　11.5.2　培训对象
　11.5.3　培训内容
　11.5.4　培训计划
11.6　环境保护措施摘要
11.7　环境监测及水保护监测计划
　11.7.1　监测目的
　11.7.2　监测计划
11.8　环保费用估算及经济损益分析
　11.8.2　环境保护投资估算
　11.8.3　环境经济损益分析
11.9　环境报告制度

12　结论和建议
12.1　综合评价结论
　12.1.1　环境现状评价
　12.1.2　环境影响评价
　12.1.3　综合评价结论
12.2　建议

附图和附件

第 7 章 环境管理计划

7.1 环境管理计划

《环境管理计划》(EMP)，应包括以下相关内容，项目背景、法律法规框架、环境与社会管理计划实施机构设置及其职责、环境影响评价结论、影响减缓措施、现场环境监理、监测计划、培训计划、实施计划与监督、报告计划和环境管理机计划费用预算等有关内容。

《环境管理计划》(EMP)是指导项目相关单位，包括项目实施单位、施工承包商、施工监理单位等非环境专业人员，按照有关政策要求，实施各项环境保护减缓措施的工作手册。该计划的语言应简洁明了，减缓措施易于实施，监测计划有针对性，培训计划结合实施组织安排，培训内容易于理解，各项措施落实到相关单位、相关人员，实施费用真正落实。该管理计划是一份以实施为导向的工作手册，培训内容应重点针对环境保护措施的工作培训，而不是环境保护的理论培训。

由于《环境管理计划》(EMP)必须实施的法律属性，作为项目协定履约的条款，在《环境管理计划》(EMP)报告内要求附上业主的承诺函，明确《环境管理计划》(EMP)中所提出的减缓措施、培训计划、监测方案、报告机制是与项目影响人群、社区和相关机构进行充分的公众参与、协商后制定的；并且承诺在项目实施阶段将安排资金、严格执行世行批准的《环境管理计划》(EMP)，其中所包含的各项政策、标准、减缓措施、培训和监测等任务将在项目实施和运营阶段逐一落实。

7.2 环境管理计划应包括的基本内容

对 A 类项目的环境评价，《环境管理计划》(EMP)是组成要素；但对许多 B 类项目，《环境管理计划》(EMP)可能是环境影响评价的仅有结果。要准备和制订一项管理计划，借款人及其环境影响评价人员需要：

确定一系列针对潜在不良影响的具体措施；

制定相关要求，以确保这些针对措施能够及时、有效地实施；

描述为满足上述要求而采取的方法。

具体而言,《环境管理计划》(EMP)应包括下列内容:

1. 缓解措施

《环境管理计划》(EMP)要找出可以将潜在重大不良环境影响降低到可接受水平的措施,而且这些措施应当是可行的并符合成本效益原则。计划应包括当缓解措施不可行、效益低或不充分时所采取的补偿性措施。《环境管理计划》(EMP)尤其应该:

(1) 鉴别并总结所有预计发生的重大不良环境影响(包括有关对少数民族或非自愿移民的影响);

(2) 每一条缓解措施进行详细描述,包括相关的影响类型及发生条件(例如连续的或偶然的),必要时还要包括技术设计、设备描述和操作程序;

(3) 这些措施必须成为项目计划的一部分,它们必须包括一个环境的成本和收益分析;

(4) 估计这些措施可能产生的任何潜在环境影响;

(5) 提出项目所需的其他相关缓解计划(例如,非自愿移民、少数民族或文物)。

2. 监测

在项目执行过程中的环境监测,可以提供项目环境方面的信息,尤其是项目的环境影响以及缓解措施的有效性。作为项目检查工作的一部分,这些信息使借款人和世行可以评价缓解措施的效果,同时,在必要时可采取纠正行动。所以,根据项目环评报告中所列的影响和环境管理计划(EMP)所阐述的缓解措施,环境管理计划(EMP)应确定监测的目标及监测类型。具体而言,环境管理计划(EMP)的监测部分包括:

(1) 对监测措施(包括技术细节)的具体描述,包括监测的参数、监测方法、采样位置、监测频率、检测限值、需要采取补救行动的阈值定义;

(2) 监测和报告程序,以便达到以下目的:

①尽早发现需要采取特殊缓解措施的情况;

②提供工作进展和缓解效果的信息。

3. 能力建设和技术培训

为支持项目中环境内容和缓解措施及时有效的执行,环境管理计划(EMP)吸收了环境影响评价中对现场的、部门的或其他相关的环境机构的评价,其中包括对现状、职责和能力的评价。需要时,环境管理计划(EMP)会建议设立或扩充上述环境机构,进行员工培训,保证环评建议的贯彻实施。环境管理计划(EMP)还应有对机构安排情况的专门描述——谁负责执行缓解和监测措施(例如分别负责实行、监督、执行以及对执行情况的监测、补救行动、财务、报告和人员培训的机构)。为加强各项目执行机构的环境管理能力,大多数环境管理计划(EMP)还会涵盖下列题目中的一个或多个:

(1) 技术援助内容；

(2) 设备采购和供应；

(3) 组织机构变化。

4. 实施进度和成本估算

针对上述 3 个方面（缓解措施、监测和能力建设），环境管理计划（EMP）要包括：

(1) 实施作为项目一部分的减缓措施的进度安排，该计划应体现分期实施原则以及与整个项目实施计划的协调。

(2) 实施环境管理计划（EMP）的资本金以及经常性开支费用的估算和资金来源。这些数字也应列入项目总费用表。

5. 将环境管理计划（EMP）与项目结合

环境管理计划（EMP）能否得到有效贯彻是借款人决定是否进行一个项目、世行决定是否支持该项目的前提，因此，世行希望管理计划对缓解及监测措施的描述，以及对机构职责的安排应详细而准确，且环境社会管理计划必须与项目的总体规划、设计、预算和执行相结合。这种结合是将环境管理计划（EMP）作为项目一部分而实现的，这种有机的结合才能使管理计划与项目的其他部分一样得到资金和检查。

7.3 项目实例

《环境管理计划》是世行贷款项目法律文本的重要部分内容，它涵盖了项目施工期和营运期，是世行贷款项目生效的必要条件。下面，将以世界银行贷款加强灌溉农业三期项目和江苏省世界银行贷款淮河流域重点平原洼地治理项目为案例加以说明。

案例 1：世界银行贷款加强灌溉农业三期项目

在该项目在世行贷款正式生效前，2005 年 5 月，当时的国家环境保护总局以《关于利用世界银行贷款加强灌溉农业三期项目环境影响报告书审查意见的复函》（环审〔2005〕474 号），进行批复意见如下：

(1) 该项目位于黄淮海平原，涉及河北省、河南省、山东省、江苏省和安徽省五省 29 个地（市）的 107 个项目县（市、区），项目任务是在世行贷款加强灌溉农业二期项目实施的基础上，对黄淮海平原五省中低产田进行综合治理，主要由节水灌溉工程、农业标准化与组织化建设、农业生态环境建设等五部分组成。该项目建设符合国家农业发展政策和环境保护政策，符合地方经济社会发展规划，项目建设可使农业生态环境得到明显改善。

(2) 根据各个子项目所处地区生态特点与环境保护要求，进一步优化现有子项目的选址和建设模式,确定下一步项目筛选原则,提出具体生态破坏防治措施和恢复治理指标。应按照项目的组织管理与实施机制,制订各个子项目的环境保护措施管理计划,并纳入世行贷款项目有关法律文本,作为项目最后确立、评估检查和验收的必要条件和依据。

世行贷款加强灌溉农业三期项目环评报告中提出的环保措施和要求及落实情况见表 7-1。原国家环境保护总局批复加强灌溉三期项目要求的环保措施和要求及落实情况见表 7-2。

表 7-1 项目环评报告书中提出的环保措施落实情况表

分项	环保措施和要求	落实情况
施工期		
土地利用与水土保持	1. 在道路、沟渠路线规划以及其他各类建筑物选址时,尽量少占用或不占用耕地,特别是地方政府划定的基本保护农田 2. 严格按规划的施工范围进行施工作业 3. 合理安排施工时间,挖、填方的施工应避开雨季和大风季节 4. 施工应注意不要阻塞河(渠)道,在洪水期应保证能正常泄洪以及农业灌溉,严禁将施工垃圾(弃土等)弃于河道内 5. 施工后期,要及时做好施工迹地的清理和土地平整等工作	1. 道路只在 7 原有道路上铺石硬化,沟渠基本是将原有土渠改为水泥槽渠或暗管,不新占耕地,且新增耕地 2. 施工基本采用人工或小型机械作业,规模小、简单,不超过施工范围 3. 施工基本安排在农闲期,雨季和大风季节不动土、不动运输机械 4. 项目不设施工营地,严格禁止在河(渠)道内倾倒任何弃土(垃圾),或临时弃土 5. 施工后,及时清理恢复现场
生态环境	1. 进行管沟开挖时,要按照管沟区土壤的特征分层开挖,并单侧堆放。按照原有的层次逐层回填,努力恢复原有土壤的结构,减轻对土壤结构的不利影响 2. 农忙期为农民的农业生产提前安排出行路线,并设置明显的引导标识 3. 道路施工时要尽量避开农作物的传花授粉期,如果难以避开,要对施工现场进行定时洒水,洒水次数以不少于 3 次/天为宜 4. 施工中确保沿途灌渠涵洞的畅通,可采取提前施工或设置临时桥涵等,确保管涵在 4~10 月保持通畅,排洪涵在 3~9 月保持通畅 5. 在保证施工质量的前提下,尽量缩短在农田区的施工期限。加强对施工人员的教育、监督和管理,积极倡导文明施工	1. 管沟改水泥槽占地减少,疏浚泥土在单侧堆放,平整复耕或植树 2. 项目施工基本安排在秋收至冬播的农闲期,农忙期不施工 3. 项目主要在秋冬季施工,避开了主要农作物的传花授粉期 4. 施工选择非灌溉期,灌渠基本无水(由泵、闸控制),某些有水排渠施工,均设置临时桥涵 5. 各项目单元均制订了施工计划,严格按照施工质量和进度作业。各级项目办根项目实施计划的安排分别对相关人员进行培训和组织考察。对施工人员有严格的管理制度,倡导和宣传文明施工

续表 7-1

分项	环保措施和要求	落实情况
其他	1. 提前制订农田区施工计划,并发布通告 2. 如在施工过程中发现文物、古迹或文化遗产,应立即停工并就地封存及时与地方文物管理部门联系,协商处理	1. 农田区施工计划均提前半年制订,并发布通告,施工期间设标示 2. 本项目施工均在原有基础上改造,施工过程未发现文物、古迹或文化遗产
营运期(河北省项目区)		
地下水保护措施	1. 严格落实三期不打新井的政策,项目区内的所有灌溉井都要取得地下水开采许可证,地下水限量开采,地下水位跟踪监测与评价,地下水开采量年度监测与评价 2. 切实落实好三期项目中的水利工程工作,提高水的利用率。因地制宜地将部分 2~3 g/l 与<2 g/l 的微咸水和淡水的混合使用,替代了部分浅层淡水开发,使深层地下水超采区的地下水位得到恢复 3. 结合加强灌溉三期项目中确定的平整土地、深翻深松土地、平衡施肥和秸秆还田等农艺措施,推行节水灌溉制度和节水栽培措施,减少农作物蒸发蒸腾。推广旱作农业 4. 各项目县的水行政主管部门要利用《中华人民共和国水法》赋予的权利,强化对辖区内地下水资源的统一管理和保护。各项目县要安排专职人员,每年监督地下水保护措施的落实情况,评价项目目标的实现情况,根据项目实施过程中出现的问题及时调整或强化地下水的保护措施	1. 加强灌溉三期项目未打新井,所有新灌溉井都取得地下水开采许可证,通过节水灌溉减少了地下水开采量,对地下水进行监测 2. 河北项目区主要为旱地,基本都采用地埋 PVC 管道灌溉网络,并采用了喷灌、微灌、滴灌技术。在衡水项目区采取了微咸水和淡水的混合灌溉 3. 建立农民用水者协会 83 个,实现农民自主管理,节约用水。各项目区均举办了节水灌溉、大棚种植、薄膜育苗等各类培训班。河北项目区主要为旱地 4. 各项目县灌溉水资源,仍然由辖区水资源管理部门统一管理。县级项目办有专人协调,并落实运行期的灌溉水(地下水、地表水)水质监测,根据监测评价结论,对地下水采取相应保护措施
地表水保护措施	1. 落实各项目县针对加强灌溉三期项目制定的平衡施肥计划,做到合理施肥、平衡施肥和科学施肥,提高化肥的利用效率,减少化肥的流失 2. 落实各项目县针对加强灌溉三期项目制定的综合病虫害防治计划,积极采用物理防治和生物防治技术,严格限制化学农药的用药次数及用药量,提高农药的利用效率,减少农药的流失。禁止使用高毒、高残留农药 3. 借鉴加强灌溉二期项目期间对灌溉水质的监测计划(包括监测项目和监测时段),加强水质监测,发现问题及时查明原因,并上报当地环境保护部门以便采取相应的环境保护措施	1. 实行秸秆还田、平衡施肥,充分利用有机肥,采用测土方配量施用化肥技术,提高化肥的利用效率,减少化肥的流失 2. 禁止使用高毒、高残留农药,指导农民使用剂量和频次,采取多种农药轮换使用方法,在确保防治效果的同时减少了农药的使用量,减少了对环境的影响 3. 项目实施期,定期对灌溉水质进行了监测,一般为每年 2 次。监测结果表明,灌溉水均符合农田灌溉水质标准,水质总体较好,且有逐年转好的趋势

续表 7-1

分项	环保措施和要求	落实情况
减缓土壤影响措施	1. 控制土壤污染，灌溉水源必须符合农田灌溉水质的标准要求，严防利用没有经过处理净化的城镇污水进行灌溉。受上游工业企业排放废水污染的地表水，也不能作为灌溉水源加以利用 2. 积极采用物理防治、生物防治技术以及高效、低毒、低残留农药，禁止使用高毒、高残留的化学农药 3. 大力提倡和积极推广使用农家肥，减少因使用化肥可能给土壤带来的重金属污染 4. 借鉴加强灌溉二期项目期间对土壤环境质量的监测计划（包括监测项目和监测时段），加强监测，发现问题及时查明原因，并上报当地环境保护部门以便采取相应的环境保护措施	1. 项目区灌溉用水主要来源于地下水、引水渠、河流、水库等，对水源实施严格监控管理、定期监测，确保灌溉水水质符合《农田灌溉水质标准》要求 2. 推广物理防治、生物防治技术，使用高效、低毒、低残留农药，禁止使用高毒、高残留的化学农药 3. 推广平衡施肥，注重施用专用肥、农家肥、微肥和配方施肥，控制重金属污染 4. 项目实施期，每年对项目区土壤监测一次。监测结果表明，土壤理化性状逐年改善，有机质逐年增加，保水、保肥、通气能力逐年增强，项目区土壤环境向良性方向逐年发展
生态保护措施	加强低山丘陵区水土流失控制，加强农作物病虫害综合防治，加强农田防护林网建设	项目实施以后，项目区林木覆盖率提高6.23个百分点，起到了涵养水源、防风固沙、防御寒流、调节田间小气候、防治土壤沙化和水土流失的作用，维护了农田生态平衡
营运期（河南省项目区）		
地下水资源保护措施	1. 作好水资源开发规划 2. 维持地下水动态平衡 3. 加强和推广节约用水措施，严格控制灌溉水量，实施定额管理 4. 加强地下水环境监测 5. 营造水源涵养林，加强农田林网建设	1. 项目区作了水资源开发利用规划，并报属地水资源管理部门批准备案 2. 通过控制地表水与地下水使用比例，基本维持了地下水动态平衡 3. 通过农民用水者协会管理和经济手段，严格控制灌溉水量 4. 项目实施期，每年监测2次 5. 本项目主要在机耕路两边、排灌沟两侧栽种白杨树，成活率在98%以上，目前已形成林网
引黄灌溉控制措施	1. 严格执行该项目设计的黄河取水量，不得超规划加大从黄河引水量，并对项目的引黄水量进行跟踪记录 2. 在引黄灌溉项目，切实落实好加强灌溉三期项目中确定的节水灌溉技术，如实施渠道防渗、改变灌溉方式等，提高引黄灌溉的效率 3. 在商丘项目区，可以通过科学研究，适当增加对地下水的开采力度，同时减少引黄灌溉的水量	1. 本项目实际为新增引黄工程，由于采取了节水灌溉，使得原引黄取水量有所减少 2. 本项目不负责主引水干渠，只改造田间末端支渠（沟），支渠全部采用地埋管道或水泥槽方式防渗措施 3. 商丘为黄河灌溉区下游，以井灌为主，引黄灌溉为补源，本次新建机井639眼

续表 7-1

分项	环保措施和要求	落实情况
土壤生态环境保护措施	1. 土壤盐渍化减缓措施：控制灌溉水量；完善灌、排体系；控制地下水位；改变灌溉方式，严防大水漫灌；建立监督管理制度，定期监测地下水位 2. 水稻土潜育化防治措施：控制水稻田的灌溉水量；灌溉系统和排水系统相结合，做到有灌有排；适时晒田，改变土壤的环境条件和微生物活动空间	1. 项目区地下水埋深普遍大于土壤盐渍化临界深度（＜2.0米），项目通过疏浚排水沟、适当使用地下水以控制地下水位，并采用了喷灌、微灌、滴灌技术，严禁大水漫灌。定期监测 2. 水稻田实行平整、分格以便浅灌，水稻田一般一年只种一季，或一季小麦一季水稻相接，水稻收割后及时翻耕晒田，初冬种小麦或继续晒田
营运期（山东省项目区）		
引黄灌区	1. 自流灌区：输水渠断面衬砌＋田间窄、短、平沟、畦灌 2. 提水灌区：灌排合一地下沟不需防渗＋固定规模泵站管道输水＋田间窄、短、平沟、畦灌 3. 补源灌区：补源地下沟不需防渗＋无井房隐蔽管道输水＋田间窄、短、平沟、畦灌	本期项目无新增引黄工程，本项目"北水南调工程"把富水区地表水引向缺水灌区。充分利用原有的拦河坝、橡胶坝、拦河闸与项目区的排水沟互联互通，形成灌溉拦蓄、回灌补源于一体的灌排系统。在机井灌溉区实行"机井＋PVC管＋小白龙"节灌模式，在沟灌区实行石榴涌灌和石榴穴灌，在大棚区实行滴灌
水库灌区	干支级砌石渠道输水＋斗级一下自压或机压管道输水＋田间窄、短、平沟、畦灌	本项目无直接从水库引水的干渠，田间灌溉基本为地埋PVC管道
引河湖灌区	固定规模泵站管道输水＋田间窄、短、平沟、畦灌	固定规模泵站管道输水＋田间水槽＋石榴涌灌或石榴穴灌
机井灌区	无井房隐蔽机井＋PVC灌溉（含喷、滴灌）＋田间窄、短、平沟、畦灌	无井房隐蔽机井＋PVC管＋小白龙
其他	1. 加强对水资源的统一管理和保护，合理开发利用水资源，合理进行人工回灌，大力营造人工水源涵养林 2. 控制面污染源，减少项目实施后对地面水环境的影响；科学合理地使用化肥；提倡使用有机肥及增施磷肥 3. 采用生物防治技术，防治农作物病虫害；采用高效、低毒、低残留农药 4. 大力开展植树造林，实现农田林网化，提高林木覆盖率及多样性，防止水土流失	1. 充分利用原有的拦河坝、橡胶坝、拦河闸与项目区的排水沟互联互通，形成灌溉拦蓄、回灌补源于一体的灌排系统 2. 推广平衡施肥，注重施用专用肥、农家肥、微肥和配方施肥，控制重金属污染 3. 推广物理防治、生物防治技术，使用高效、低毒、低残留农药，禁止使用高毒、高残留的化学农药 4. 本项目主要在机耕路两边、排灌沟两侧栽种白杨树，目前已形成林网

续表 7-1

分项	环保措施和要求	落实情况
营运期（江苏省和安徽省项目区）		
综合措施	1. 加强点源污染治理，确保污染源达标排放 2. 控制面污染源：积极推广平衡施肥技术，科学合理地使用化肥。同时，在农作物病虫害防治方面，要尽量采用生物防治技术以及高效、低毒、低残留的农药 3. 加强对水资源的统一管理和保护，改变灌溉方式，切实落实各项节水措施，严防大水漫灌，减少因灌溉退水对湖泊生态环境的不利影响 4. 加强对项目区洪泽湖等湖泊的环境动态监测，发现问题及时查明原因，并上报当地环境保护部门以便采取相应的环境保护措施 5. 大力开展植树造林，实现农田林网化，提高林木覆盖率及多样性，以改善农业生态环境，并防止项目区域内的水土流失	1. 本项目各泵站基本均在原地址修建，离村宅较远，均建有泵房 2. 开展土地集约化大面积耕作，实施秸秆还田，推广平衡施肥技术、生物防治技术，倡导少施化肥，使用高效、低毒、低残留的农药 3. 工程上采取了防渗渠直接到田头，管理上成立了农民用水者协会，对用水量进行多方位调节，已达到节水灌溉目的 4. 项目区退灌水全部依托原有沟网。洪泽湖项目退灌水汇集到总渠，总渠需经几公里漫长湿地区渗流到洪泽湖主水域；巢湖项目在低圩区，其退灌水全部排入巢湖湿地公园，不直接向巢湖排放；淮河项目离淮河20公里以上，退灌水不直接向淮河排放。项目在退灌水的受纳水体域均设置了监测点位 5. 项目在防渗灌区两侧、机耕路两侧进行植树，营造农林防护网约8 000公顷

表 7-2 原国家环境保护总局批复加强灌溉三期项目要求的环保措施落实情况表

环保措施和要求	落实情况
根据各个子项目所处地区生态特点与环境保护要求，进一步优化现有子项目的选址和建设模式，确定下一步项目筛选原则，提出具体生态破坏防治措施和恢复治理指标。应按照项目的组织管理与实施机制，制订各个子项目的环境保护措施管理计划，并纳入世行贷款项目有关法律文本，作为项目最后确立、评估检查和验收的必要条件和依据	子项目选址原则：一是集约化，成片面积一般不低于1万亩；二是尽量避开环境敏感区域。建设模式，根据地区生态特点与环境保护要求，对项目区种植结构合理调整，已达到生态、景观协调优化，农业面源污染排放合理可控的效果。根据项目环境社会管理计划的要求，各级项目办环境管理工作由一位项目办负责人领导，1~2名专职人员具体负责，并聘用了相关环境管理专家和专业技术人员协助开展相关工作。项目中专门安排了费用，用于环境专项监测及必要的培训

续表 7-2

环保措施和要求	落实情况
做好各项目水资源利用规划,根据黄淮海平原地区不同区域水资源短缺的特征,确定合理的项目区地表水、地下水利用方式和规模。全面落实输水节水、田间节水工程及管理措施,进一步优化调整农业种植业结构、种植制度与耕作方式和技术,提高农业节水水平,降低项目区农业用水总量。通过项目区试点,采取有偿用水,合理确定水价,在项目区推行农民用水者协会(WUA)和SIDD用水管理机制	项目建设采取各种措施提高水资源的利用率,工程措施包括修建防渗渠道、低压管道、喷灌、微灌,并注重井渠结合,渠系配套,地表水与地下水联合运用等。农艺上,推行节水灌溉和节水栽培措施,减少农作物蒸腾蒸发量(ET)。管理上,按流域统一管理地表水和地下水,改革管理体制和机制,组建农民用水户协会(WUAs)和按成本水价收取水费等
积极控制农业面源污染,推广平衡施肥技术和病虫害综合防治技术,加大绿色和有机产品生产基地建设规模,减少项目区化肥、农药施用量,增加有机肥料、高效、低毒农药和生物菌肥的施用量,减轻灌溉退水对水质的影响。严格控制化学防治措施对非靶生物的影响。项目区不得选择污水农灌,加强灌溉水质监测,确保灌溉水质达到《农田灌溉水质标准》	开展土地集约化大面积耕作,实施秸秆还田,推广测土配方、病虫害防治等技术,项目开发后较开发前化肥农药用量均有所减少。非靶生物已形成了对常用农药的抵抗、躲避、保护等功能,项目对非靶生物不利影响未增加。在取水口布设水质监测点,对灌溉用水进行定期监测,及时掌握项目的实施对项目区水质的影响,特别关注灌溉退水及农田雨季排水对环境的影响
加强地下水位高的建设项目区排水系统建设,要灌排结合,适当开采地下水,发展井灌,降低地下水位,根据土壤类型健全灌溉管理制度,制定合理的灌溉措施,严禁大水漫灌,长期进行区域地下水与土壤的水盐监测与管理,有效控制土壤盐渍化、潜育化	项目区地下水埋深普遍大于土壤盐渍化临界深度(<2.0米),项目通过疏浚排水沟,适当使用地下水以控制地下水位,并采用了喷灌、微灌、滴灌技术,严禁大水漫灌。项目实施期,每年都对地下水及土壤环境进行监测

案例2:江苏省世界银行贷款淮河流域重点平原洼地治理项目

《环境管理计划》是世行贷款项目法律文本的重要部分,涵盖了施工期和营运期,不仅是项目生效的必要条件,而且在世行贷款实施中,根据变化需要更新,在世行贷款关账时需要进行绩效评估。

现以世界银行贷款淮河流域重点平原洼地治理项目江苏省分项目中期计划调整报告中《环境管理计划》的更新为例,进行了如下工作:

(1) 新增工程环境保护措施计划更新

对新增工程环境保护措施计划进行了更新,结论是新增工程参照以前的《环境管理计划》实施。江苏省世界银行贷款项目中期计划调整新增工程与环境影响的情况见表 7-3。

表 7-3　江苏省世界银行贷款项目中期计划调整新增工程与环境影响表

序号	项目名称	所在位置	是否在评估时的环境影响范围内	是否涉及敏感环境问题	是否涉及不可逆环境问题	参照原来的环境措施是否能够将负面影响降到最低
a	大寨河、王墩河、许郑河 3 条支河整治	泰州市	是	否	否	是
b	涵闸 4 座	泰州市	是	是	否	是
c	排涝站 3 座	淮安市/泰州市	是	是	否	是
D	机耕桥 4 座	泰州市	是	是	否	是

（2）环境监测计划更新

对涉及泰州市、淮安市项目区环境监测点位调整,该部分环境监测计划更新。

（3）水土保持措施更新

水土保持是水利类项目《环境管理计划》的核心内容之一,按我国有关规程规范技术要求,必须由具有专项资质的咨询单位来进行更新。对于项目区新增工程的弃土(渣)区、取土区、堤防工程区、涵闸、桥梁和泵站工程区,为水土保持的重点防治区域,兼顾一般防治区(施工营地和生产区、管理工程区、施工道路区、移民安置区),同时更新了相应的水土保持监测,监测重点是施工期间的新增工程的弃土区、堤防边坡区、围堰边坡区、取土区、临时堆土区等扰动地表比较剧烈的区域。采用定点观测、调查监测和巡查监测方法,对项目区内的土壤侵蚀环境因子、水土流失状况、水土流失量、水土流失危害以及水土流失防治效果等内容监测。

（4）资金再分配

该项目中调报告将环境保护、水土保持中项目管理费用拆分到项目管理费用中,同时增加了文物保护、工程监测评估及安全监测内容,增列了相应文物保护经费、工程安全监测、工程质量检测等项目管理费用。

总之,该项目中调报告依据世行安全保障政策,最大限度地保证项目区农民群众的利益。除了在项目区移民征地拆迁时,调高了部分征地拆迁内容的标准,还通过对项目区工程实施过程发现的文物,进行抢救性考古发掘,加强了工程安全监测点和工程质量检测强度。

表 7-4　江苏省世界银行贷款项目泰东河工程施工期环境监测计划表

洼地名称	环境要素		监测点位及数量	监测项目	监测频率
泰东河整治工程	环境空气		淤溪居民区 时堰居民区	TSP	2 期/1 年、2 天/期、2 次/天，1 年
	噪声		溱潼医院、溱潼中学、淤溪居民区、时堰居民区	LeqdB(A)	2 期/1 年,1 天/期,昼夜各一次,1 年
	水质	地表水	溱潼镇水厂取水口 东台镇饮用水水源保护区 姜堰市水产良种繁殖场	pH、DO、SS、氨氮、高锰酸盐指数	3 期/年,丰水期、平水期、枯水期各监测一期,3 天/期,1 次/天,1 年
		生产废水	读书址大桥工地、台广公路桥工地、张郭大桥工地（每个工地两个排放口计）	pH、SS、COD、石油类	3 期/年,1 天/期,1 次/天,1 年
		生活废水	读书址大桥施工营地、台广公路桥施工营地、张郭大桥施工营地	pH、SS、COD、氨氮、BOD	3 期/年,1 天/期,1 次/天,1 年
	疏浚底泥		泰东河口、淤溪大桥、读书址大桥、张郭大桥、泰东河与通榆河交叉口上游、幸福河与泰东河交叉口、先进河与泰东河交叉口	Cu、Pb、Cr、Cd、As、Hg、Ni、Zn	施工前监测 1 次
	人群健康	体检	全部炊事员	病毒性肝炎	1 次/人·年
		饮用水	读书址大桥施工营地、台广公路桥施工营地、张郭大桥施工营地	《城市供水水质标准》(CJ/T 206-2005)常规检测项目共 40 项	施工前监测 1 次

第 8 章　环境管理计划的执行

8.1　环境管理计划的执行

当项目进入实施期后,借款人要负责实施项目环境评价过程中的环境文件要求的措施和贷款协议中要求的环境条款,对于 A 类和 B 类项目来说,这些条款都在环境管理计划中体现,因此项目实施期要执行环境管理计划。借款人要确保环境管理计划中的要求都在项目的实施过程中予以落实,并同时聘请第三方监测机构监测环境管理计划执行的效果,编写执行情况报告。执行情况报告定期向世界银行汇报,世界银行也会定期对项目进行现场检查。对于项目实施过程中环境管理计划有变化的要取得世行的同意。

8.2　环境管理计划实施外部监测

8.2.1　环境管理计划实施外部监测

在项目实施期借款人要聘请第三方监测机构监测环境管理计划执行的效果,编写执行情况报告。选聘项目实施期的环境外部监测咨询单位,都需要制定明确的工作大纲(TOR),以明确工作任务。工作大纲(TOR)应至少包括以下内容:

(1) 项目背景

简要概述项目背景,包括:项目开发目标(PDO)、项目建设内容、项目准备和实施的关键里程碑(包括但不仅限于:项目评估日期、法律文件签署日期、贷款生效日、计划的中期调整日期、计划的贷款关账日等)、环境外部监测的背景。

项目背景资料视需要根据各个项目具体情况准备。任务目标、工作范围、咨询顾问资历要求和报告要求通用性比较强,总体思路可以适用于同类型的项目,具体要求可以根据具体项目适当调整。

(2) 任务目标

环境管理计划外部监测咨询顾问/单位(EMC)将作为外部独立机构监督施工活动是否完全符合环境管理计划的要求。EMC 将并直接向业主汇报工作成果。

(3) 工作范围

环境管理计划外部监测咨询顾问/单位(EMC)的主要工作内容包括：以已经批准的环评文件（包括：环评报告书、环境社会管理计划和环评执行摘要）为依据，如有必要的情况，在不违背原有原则的情况下更新EMP，更新的主要内容是使得EMP的实施更紧密地结合项目总体实施方案，尤其是土建合同的实施进度，在项目施工期实施外部环境监测、并按照监测计划指标要求通过采样监测判断环评文件中所提出的减缓措施的有效性，并提出改进建议。

(4) 咨询顾问的人员资历要求

咨询顾问单位（为鼓励竞争，可以是联合体的牵头单位或者分包单位）应具有中国计量认证资质CMA认证，咨询顾问的专家团队主要专家（项目经理或者项目副经理）至少应具有多年的世行贷款类似项目经验，包括项目准备阶段的环境安保政策文件编制经验和项目实施期的环境管理经验，具有注册环评工程资格、具有环境监理上岗证将有助于量化判断专家的经验和资历，但资格证书不是必要条件。咨询顾问专家团队中的检测员应具有符合国家计量认证资质要求的监测证。

(5) 报告要求

①定期报告：每半年向项目办提交环境监测和进度报告，季度报告、半年报告（一般为每年的6月和12月，这一日期根据项目协定里规定的项目半年进度报告的提交的日期而调整）以及年度报告。

②不定期报告：根据项目实施的需要，应业主和管理部门的要求，总人月数范围可完成的额外单项工作的专题报告，在单独任务完成后提交（任务完成后的一周内）。

8.2.2 项目实例

案例：某市市环境综合治理工程项目

1. 项目背景

目前某市市区现有常住人口超过80万人（2012年），全市财政收入163.56亿元。根据省人民政府《关于加快推进我区城镇化跨越发展的决定》及其配套文件精神和《某市城市总体规划纲要（2010—2020）》，该市今后5年要发展为特大城市，城市人口规模达到120万人，建成区面积约100平方公里。要实现这一目标，必须加强市政基础设施的建设，为城市的发展提供保障，提高基础设施的承载能力。

该市环境综合治理工程项目是为解决和保护某江河流域及该市城镇环境质量的社会公益性项目。该项目实施后，不仅可以改善该市各城区的市容市貌，保障人民身体健康，保护某江河流域的碧水青山，促进某江水系污染综合整治，保护生态安全，而且可以更好地改善该市的投资环境，促进该市城乡经济社会的加快发展，具有良好的社会效益、环境效益和经济效益。某市属于经济欠发达的西部城市，工业基础薄弱，财政收入有限,资金缺乏,因此,申请利用世行贷款进行该市基础设施建设,加强环境综合治理,改善生态环境,具有十分重要的意义。

本项目的发展目标,是通过项目的实施,提高某市供水和污水处理服务的水平。

项目的投资内容由以下几部分组成:

子项目1:某市供水管网工程

该子项目的目的是为了满足某市城镇化进程中日益增长的生产、生活用水需求,提高某市城市供水安全可靠性。主要工程内容包括:①新建 DN500~DN1600 的供水管网 37.4 km;②新建机场路加压泵站(近期 4 万 m^3/d);③采购相关水质检测仪表和管网日常维护检修设备,以提高城市供水安全性;④供水综合运营平台的建设。

子项目2:市区污水处理厂及排水泵站改造、城市排水管网改造工程

该子项目的目的是为了提高某市区污水处理厂及排水泵站的效率,确保污水处理设施正常高效运行,提高污水收集率,降低处理能耗,减轻处理设施对周边环境的影响。主要建设内容如下:

(1) 市区污水处理厂改造工程

该项目是对现有污水处理厂进行提标改造、部分设备更新、厂区除臭和污泥脱水设施改造。具体为:①第一污水处理厂 14.5 万 m^3/d 规模的改造工程,工程内容包括提高处理标准、更新处理设备、臭气的收集、处理以及污泥脱水设施的改造;②第二污水处理厂一期 6 万 m^3/d 规模的改造工程(规模由 6 万 m^3/d 缩减至 4.5 万 m^3/d),工程内容包括提高处理标准、更新处理设备、臭气的收集、处理以及污泥脱水设施的改造,提高二期 10 万 m^3/d 规模的处理标准及生物池除臭;③第三污水处理厂 3.0 万 m^3/d 规模的改造工程,工程内容包括提高处理标准、改造进水泵房、臭气的收集处理以及污泥脱水设施的改造;④第四污水处理厂 2.0 万 m^3/d 规模的改造工程,工程内容包括提高处理标准、臭气的收集、处理;⑤第五污水处理厂 3.0 万 m^3/d 规模的生物池除臭。

(2) 市区排水泵站改造工程

包括现有 18 座污水泵站和 2 座雨水泵站设备(格栅、水泵、电气及自控)的更新、臭气的收集与处理。

(3) 城市排水管网改造工程

主要内容:①某市城区约 34.6 km 长 DN300~DN1200 污水自流管(含检查井)的修补或更新;某市城区总长约 5.5 km DN600 污水压力管的修补或更新;②灵川八里街东组团新建 DN500~DN800 的污水管道约 1.7 km;③第五老城区新建 DN300~DN1200 污水管道约 12.3 km。

(4) 水质监测及管网管理维护设备

旨在加强和提高某市排水公司在水质(包括污泥)监测及排水管网维护方面的工作,包括:①采购水质(包括污泥)监测设备,用于日常监测管理;②采购管网维护设备,包括管道的检测设备(含智能机器人及检测系统)、封堵和疏通等设备;③对排水管网进行普查及完善管网信息系统,便于日常维护管理。

子项目3:污泥处理工程

该子项目的目的是对污水处理厂产生的污泥进行无害化、资源化处置,建设规模为污泥堆肥130 t/d,太阳能干化20 t/d,将某市所有污水处理厂产生的脱水污泥集中起来进行堆肥或干化处理,最终用于园林绿化。

子项目4:某市水环境监测与污染源管理信息系统

该子项目的主要内容为:①建立和完善某市水环境监测信息管理系统;②建立环境保护部门污染源管理信息系统;③开展某江流域(某市城区)污染源解析及管理工作。

子项目5:能力建设和项目实施支持

该子项目包括:①聘请专业顾问(公司)帮助项目办实施项目管理,包括审查设计文件及招标文件,项目管理,施工监管,监测社会及环境保障措施的实施,建立项目监测系统,评估、报告及准备项目完成报告;②对项目办及项目实施单位的人员培训和学习考察;③项目办及项目实施机构办公设施的配备。

本项目实施期5年,预计时间从2015年至2020年。

为了加强利用世行贷款项目的领导、组织、管理力度,某市于2012年10月16日成立了项目领导小组,项目领导小组组长为市政府常务副市长。项目领导小组下设项目管理办公室,项目管理办公室设在某市发展改革委,负责世行贷款某市环境综合治理工程项目的管理工作。项目执行机构为某市自来水公司、某市排水公司、某市环境自动监控管理办公室。

2. 咨询服务目标

需要通过聘请第三方环境监测机构监测项目环境指标,为项目办(PMO)全面、及时掌握拟建项目污染动态,了解工程建设对项目所在地区的环境质量变化程度及影响范围,以及运营期的环境质量动态,加强项目的环境管理提供科学依据。

3. 独立监测机构的监测范围和主要职责

监测范围:以世界银行批准的某市环境综合治理工程《环境影响评价报告》及《环境管理计划》等环境有关文件为依据,监测项目具体环境指标,监测调查重点为噪声、空气环境和污泥。其主要职责:

(1) 实施环境外部监测

严格按照《环境管理计划》,进行项目环保措施落实情况和环境指标的监督和调查。环境监督和监测包括项目施工期和运营期两个阶段,监测内容选择对环境影响较大的噪声、空气环境和污泥。

(2) 提交《环境管理计划实施情况监督监测报告》

根据调查结果,形成调查报告,定期提交项目办(PMO),作为项目办(PMO)每半年给世行的项目进展报告的一部分。

《环境管理计划实施情况报告/章》应包括以下主要内容:

①本阶段项目进展简述,环境管理计划的总体实施情况,如开展了哪些培训;

②环保措施执行情况,存在问题及其原因,上次整改措施的执行情况,效果如何;

③环境监测开展情况,主要监测数据结果,达标与否,不达标问题及原因;

④本报告应附有调查原始指标数据表;

⑤有无公众投诉,投诉的主要内容,分析原因、解决办法和效果反馈等;

⑥下阶段环境管理计划执行方案,包括针对存在问题提出整改措施。

4. 管理结构

项目执行将由世行贷款某市项目办(PMO)承担,以便在有限的执行时限内完成各项任务,并负责协调和支持作用。各子项目实施单位、咨询单位通过某市项目办与世行进行沟通交流。

5. 报告及时间安排

(1) 对每项工作任务,环评监测咨询团队负责按工作大纲要求向项目办(PMO)提供报告,并修改至符合世行标准;报告提交给世行之前,必须先经市项目办(PMO)对环评监测咨询团队提交的报告进行审核并提出意见。

(2) 与项目办(PMO)建立良好关系,全面配合项目工作需求进行多方合作。

(3) 必须在预定期限内完成报告、文件草案和经项目办(PMO)审查、批准的终稿。报告应提交电子版。

(4) 环评监测咨询顾问在项目实施期间准备的监测评估报告。内容包括:为期6年的供水管网工程环境空气和噪声监测,5个污水处理厂环境空气、噪声、水质和污泥监测,2个雨水泵站、18个污水泵站和污泥处置工程环境空气和噪声监测;并按世行要求,整合其他业主自测和其他有资质监测部门提供的数据形成环境监测评估报告。该报告供项目业主和世界银行使用。

(5) 报告应首先准备报告草稿,然后在收到项目业主的修改意见两周后,准备好报告最终稿。

具体工作任务：

序号	工作任务	提交时间	备注
1	环境监测计划方案	合同签订后半个月	
2	各子项目环境监测报告	每年3月15日、6月15日、9月15日和12月15日前	每年4次
3	《环境管理计划实施情况报告》	每年6月15日和12月15日前	每年2次

6. 时间计划表、人员及任务持续时间

预计2015年10开始实施各项环评监测咨询任务，于2020年12月前完成全部环评监测咨询任务（具体按照世行合同签订时间确定起止时间）。环境监测机构应具有中国计量认证资质（CMA认证）。监测调查机构应派出项目经理和1个监测团队完成此项工作。环境监测机构成员不得与项目管理、实施、运行等有利益冲突。

(1) 每个职位的最低要求

具体要求如下：

职位	基本要求
项目经理	(a) 一般资格： ⅰ) 具有中国认可的中级以上环境工程师资格 ⅱ) 在中国具有10年及以上环境保护及监测工作经验 (b) 对工作的适应性： ⅰ) 作为项目经理参与过2个以上环境监测项目 (c) 在类似地区的经验和语言： (ⅰ) 有类似地区的工作经验 (ⅱ) 良好的中文口头和书面交流能力 (d) 在咨询公司的任职时间： 项目经理为参加投标的环境监测机构全职工作人员的优先考虑
监测员	ⅰ) 具有较丰富环境监测调查的工作经验 ⅱ) 必须具有环境监测上岗证

注：监测机构应提供其组织结构图；监测机构其他人员由顾问方自行考虑，确保咨询服务的工作，人员名单及资质应报给业主方审查。监测机构应保证技术建议书中提名的人员能够参与完成各种工作任务；只有在得到业主的书面批准后才能变动人员。

(2) 咨询顾问专家的职责包括但不限于以下内容

①项目经理

ⅰ. 制定监测计划、方案；

ⅱ. 负责选取监测团队成员；

ⅲ. 带领监测团队，根据任务要求对项目监测地点进行现场监测；

ⅳ. 进行分析，并提供改善环境的建议，编写《环境管理计划实施情况监测监督报告》；

ⅴ. 确保交付物的质量。

②监测员

ⅰ. 协助制定监测计划、方案；

ⅱ. 协助项目经理对项目监测地点进行现场监测；

ⅲ. 协助项目经理完成监测监督报告；

ⅳ. 确保交付物的质量。

7. 项目办提供的设施与信息

(1) 与咨询公司保持日常联系，保持及时的交流和沟通；(2) 协助外国专家（如果有）获取护照、居住许可等其他必要的文件；(3) 提供必要的信息和条件：包括及时为监测公司提供项目有关文件、报告、从事任务所需的相关资料和数据和相应的工作条件、业主自行监测的环境监测数据；(4) 促进并协调监测公司与其他政府机构的联系；(5) 指定项目官员和技术人员配合监测公司工作；(6) 以上给予监测公司的服务和帮助由项目办免费提供，咨询管理公司的办公场地、办公设备自行安排解决。

8. 监测公司的意见及观点

监测公司在技术建议书中可以对工作大纲（TOR）提出改进意见和建议，如果涉及财务问题应在财务建议书中注明。

9. 调整

由于项目内容较多，实施时间较长，项目业主如需对项目环境管理计划（如监测的采样点、频次等）进行调整，需报世行审阅批准。

10. 合同期

预计项目咨询服务合同期为 2015 年 10 月至 2020 年 12 月（具体根据世行贷款合同确定）。将根据项目实际执行情况，决定项目咨询服务合同是否延期及延期时限。

附件1:具体监测要求表

监测期	环境要素	监测点位布设(数量)	监测项目	监测频率
一、某市供水管网工程				
施工期 (2年)	环境空气	设13个监测点:城建学校、拓木镇卫生院、某市十八中、技工学校、明星小学、红苹果幼儿园、贝特尔幼儿园、三一〇幼儿园、三一〇医院、阳光美地幼儿园、灵川镇卫生院大面分院、唐家村、耀和荣裕小区	TSP	4期/年,2天/期,1次/天
	噪声	同环境空气的13个监测点	LeqdB(A)	4期/年,1天/期,2次/天,昼夜各一次
运营期 (3年)	噪声	设2个监测点:琴潭岩村、耀和荣裕小区	LeqdB(A)	4期/年,1天/期,2次/天,昼夜各一次
二、第一污水处理厂工程				
运营期 (3年)	污泥	设1个监测点:污泥池外排污泥	重金属(As、Hg、Pb、Cr、Cd、Cu)	2期/年,1天/期,1次/天
三、第二污水净化厂工程				
运营期 (3年)	污泥	设1个监测点:污泥池外排污泥	重金属(As、Hg、Pb、Cr、Cd、Cu)	2期/年,1天/期,1次/天
四、第三污水净化厂工程				
运营期 (3年)	污泥	设1个监测点:污泥池外排污泥	重金属(As、Hg、Pb、Cr、Cd、Cu)	2期/年,1天/期,1次/天
五、第四污水处理厂工程				
运营期 (3年)	污泥	设1个监测点:污泥池外排污泥	重金属(As、Hg、Pb、Cr、Cd、Cu)	2期/年,1天/期,1次/天
六、第五污水处理厂工程				
运营期 (3年)	环境空气	设2个监测点:污水处理厂上下风向厂界	H2S、NH3、臭气浓度	4期/年,1天/期,4次/天
	污泥	设1个监测点:污泥池外排污泥	重金属(As、Hg、Pb、Cr、Cd、Cu)	2期/年,1天/期,1次/天

续表

监测期	环境要素	监测点位布设（数量）	监测项目	监测频率
七、泵站改造工程				
运营期（3年）	环境空气	设清风泵站、馒头山泵站、平山泵站3个泵站厂界废气排放监测点	H_2S、NH_3、臭气浓度	4期/年，1天/期，4次/天
八、污泥处置工程				
施工期	环境空气	设4个监测点：施工厂界	TSP	4期/年，2天/期，1次/天
	噪声	设4个监测点：施工厂界	LeqdB(A)	4期/年，1天/期，2次/天，昼夜各一次
运营期（3年）	环境空气	设4个监测点：污泥处置中心4个厂界	H_2S、NH_3、臭气浓度	4期/年，1天/期，4次/天
	噪声	设4个监测点：污泥处置中心4个厂界	LeqdB(A)	4期/年，1天/期，2次/天，昼夜各一次

8.3 环境管理计划执行报告

项目实施期环境管理计划执行的效果都要反映在环境管理计划执行报告中。执行报告要就是否完成了环境管理计划中的要求进行说明，主要包括环境管理体系的建设情况、各阶段环境保护措施的落实情况、环境监测情况、下一步工作计划、总结、附件等内容。

8.3.1 环境管理体系的建设情况

描述是否按照环境管理计划的要求建立了环境管理体系，体系内组织机构设置、各人员安排及职责履行情况。根据人员能力情况，叙述对人员进行培训的效果及是否满足环境管理计划中的培训要求。

8.3.2 各阶段环境保护措施的落实情况

设计阶段：环境管理计划中提出的设计阶段的环保措施是否在项目设计时落实，是否在项目设计中做了充分的考虑。招标文件、采购合同中是否纳入了环境管理计划中的相关条框。

施工阶段：针对环境管理计划中提出的施工期的环保措施，逐条说明项目施工过程中是否得以落实以及采取的措施是否达到了预期的效果。

运营阶段：针对环境管理计划中提出的运营期的环保措施，逐条说明项目运行过程中是否得以落实以及采取的措施是否达到了预期的效果。

8.3.3 环境监测情况

明确项目环境管理计划中提出的监测计划的完成情况，列出监测结果，说明监测结果反映的问题或效果，对于监测反映出来的问题提出改进建议。

8.3.4 下一步工作计划

提出下一步环境管理计划执行计划，包括培训计划、环保措施执行计划、监测计划等。

8.3.5 总结

对目前项目阶段的环境管理计划执行工作作出总结，概括说明环境管理执行的效果及存在的问题等。

8.3.6 附件

附件包括项目执行情况图件、监测报告等。

8.4 项目实例

以江苏省世行贷款淮河流域重点平原洼地项目环境管理计划执行报告为例，该报告包括以下章节：

江苏省世行贷款淮河流域重点平原洼地项目环境管理计划执行报告

1 引言
    1.1 报告目的
    1.2 背景
        1.2.1 编制过程
        1.2.2 项目概述
        1.2.3 项目完成情况
    1.3 报告编写所用报告、文献等
        1.3.1 法律法规以及标准
        1.3.2 项目有关文件及资料

2 环境管理体系
    2.1 江苏省世界银行贷款项目环境管理办公室
    2.2 市环境管理办公室
    2.3 环境管理体系
    2.4 环境管理工作情况
    2.5 环境管理培训

3 现阶段各施工包的环境管理情况
    3.1 各施工包环境保护措施的落实情况
    3.2 环境监理工作的落实情况

4 环境监测情况

5 对世界银行备忘录的响应

6 下一步环境管理计划

7 总结

附件

附件　世界银行环境管理完整案例

案例介绍：江苏省淮河流域重点平原洼地治理项目

2015年，世界银行对近十年来在中国实施的世行项目中安保政策的执行情况进行了系统化的调查、筛选和鉴别，最终选出了10个最佳案例，并组织专家编写了这10个案例的宣传材料，在全世界范围内进行宣传和推广。我们在世界银行编写的案例中选取了"江苏省淮河流域重点平原洼地治理项目"的宣传材料翻译成中文，作为本书的附件，供读者参考。

F.1　项目背景

淮河流域是中国第三大河流流域，该流域在经济上具有战略地位，粮食产量占全国的六分之一，经济作物占全国的四分之一。然而，淮河流域洪涝灾害频发，给当地造成了重大的经济损失。这种状况在缺乏自排条件且抽排能力有限的低洼区尤为明显。由于防洪标准低，洼地民众每年汛期都会持续受到洪水的影响，洼地排水不足的情况加剧了这种局面，导致内涝，极大降低了农业生产率，洪涝灾害还对民众日常的生产、生活、教育造成了极大影响。因此，有必要通过世界银行贷款淮河平原洼地治理项目的建设来提高淮河流域的洪水抵御能力，减少农业及经济损失。

F.2　项目目标

项目目标是提供更好的、安全的抵御洪灾和涝灾措施，提高耕地生产率，减少财产损失，尤其是淮河流域相对贫穷的农村区域的财产损失。

F.3　项目描述

项目包括广泛的公共基础设施的新建及改建，比如桥梁、道路、水闸、泵站等建筑物工程以及堤防、河道工程。项目需要涉及建设期的临时征地和永久征地，还涉及居民搬迁。本项目涉及的流域面积广大，共跨越9743平方公里的地域、投资5.974亿美元(其中包括2亿美元的世界银行贷款),包括中国的四个省份(山东、江苏、安徽和河南,见图F-1)。

图F-1 项目在四个省的位置

F.3.1 项目的关键部分

关键1:防洪除涝治理

防洪除涝治理工程包括:①堤防加强;②改善河道行洪能力,尤其是河道疏浚、开挖及河堤的加固;③洪水控制工程的建设、修复、重建和扩建,包括泵站、穿堤建筑、水闸和桥梁。

通过以下方式来提高社区参与:①建立和推广农民排水和灌溉协会;②在项目区域兴建排水系统和小型灌区改善工程。

减少对环境的不利影响,增加有利影响。

关键2:洪涝灾情评估和支持系统

洪涝灾情评估和支持系统包括:①改进数据采集的覆盖范围和设备;②增强数据采集、传输和处理的速度;③在安徽省合肥市建立灾害评估中心;④提高洪涝灾害损害情况评估过程的精确水平;⑤研究减少涝灾的创新型措施。

关键3:机构加强

加强能有效操作和维持项目区域内的洪水控制和排水改善设施的项目实施单位

的人员和制度上的能力,尤其是关于以下方面:①堤防维护;②设计和施工;③现代施工技术;④洪水预报系统的数据采集和决策支持系统,应急准备计划和河工模型;⑤资金和物质的可持续性;⑥项目实施和管理。

关键4:移民安置计划的实施

要正视淮河洪水治理及排水改善项目会导致大量征地和非自愿移民的问题。项目根据国家法律和世行政策准备了移民安置计划。在四个省中,江苏是移民规模最大的。移民安置计划开始是社会经济调查、紧接着是与受影响人群磋商后的房屋设计和建设、最后是生计和事业重建的积极性和补偿框架。

关键5:项目管理

项目实施机构的能力加强,在以下方面:①项目管理和工程设计、采购和施工管理;②安装和运行采购和财务信息管理系统;③建立监测和评估系统;④实施质量保证措施。

F.3.2 项目挑战

项目遭遇以下四方面的挑战:

项目操作:如何将大的原则、通用的规范、世行首要的政策转化成容易被当地项目团队和承包商理解的实践和具体措施。

项目实施:①如何确保所有涉及的相关组织,包括省级和地方政府、各种水平的项目办和各类承包商能根据环境和社会安保框架的要求来通力合作;②如何根据计划又同时保持足够的灵活性来处理突发情况;③如何在早期的粗略评价活动中将未考虑的当地人民的愿望和其他特殊情况考虑进来。

文化遗产保护:如何将项目与历史事件所联系,尤其是关于:①保护独立的江苏花园式风格水景;②保护在如此大范围的项目过程中可能被发掘的历史性遗产。

社会和谐:如何避免征地和移民过程中任何潜在的冲突,以利长时间逾期的项目不会被进一步过度推迟。

F.4 项目收益

项目在四个省的完成,预期将带来自然和社会经济环境方面的重大的积极影响。主要的积极的收益包括:减少洪涝灾害;提高区域社会经济;提高生态环境和贫穷区域的生计。预计四个省将有总计655万人受益。对于那些住所、土地被临时征用或永久征用的人来说,根据世行政策保护他们的利益。从长远来看,通过更好的抵御洪水、提高河道通航性以及道路通畅能力使得现在和将来的许多代人的生活质量得到提高。

F.5 项目的实施情况和实施机构

F.5.1 项目实施情况

在 2011 年末正式启动，项目已经进入实施的第三年，项目预计于 2016 年底完成。从 2015 年 12 月本案例研究开始起，项目在江苏省进行了以下工作：

河堤加强长度：101 km

河道疏浚长度：151 km

排水改善设施数量：173 个水闸和涵洞，97 个泵站

新建桥梁：73 座

道路建设长度：38 km

移民数量：2 184 人

征地总计：427 公顷永久征地和 603 公顷临时征地

恢复原状的临时占地：513 公顷

培训课程数量：71

F.5.2 项目实施机构

项目的计划和实施涉及许多机构和利益相关者。除了世界银行和江苏省人民政府，以下机构在项目的不同阶段、不同程度参与项目：

省级和市级项目办公室

省级文物局

省级和市级水资源管理部门

省级和市级河道管理部门

区域移民办公室

省级水利设计研究院

项目管理机构（工程、移民）

项目咨询机构（监理和监测）

淮河水利委员会淮河流域水土保持监测中心站

河海大学（移民监测）

在项目建设和实施阶段，项目办和当地人民紧密合作以将环境和社会影响最小化，并且解决如何管理和利用设施。有许多类似的当地组织，比如排灌协会和用水者协会，他们有采用公开的方式进行分配、定价、管理水资源的责任。

F.6 项目的环境和社会影响评价和实践

本项目是个大型项目,项目有很多潜在的环境和社会影响。在项目准备和设计阶段,识别出项目涉及并触发以下的世行政策,项目需要在以下方面进行认真的考虑:

环境评价(OP/BP4.01)

非自愿移民(OP/BP4.12)

物质文化资源(OP/BP4.11)

自然栖息地(OP/BP4.04)

大坝安全(OP/BP4.37)

环境评价推断主要的潜在环境风险来自于地势低的河段的水生环境污染和废水污染,这些地势低的河段是由洪水向下游流动造成的。由不恰当的疏浚沉积物清理造成的二次污染,自然灾害造成洪水控制设施的破坏。建议通过消减措施来处理这些风险,消减措施包括涵洞、水闸设施的规划和布置、疏浚沉积物的监测、建立与当地水文部门和气象部门间的良好的合作关系。

河堤改善、临时道路的修建、施工场地都需要征地。因此会造成部分人群的搬迁和重新安置。需要社会安保政策来确保采用公开和透明的方式对受影响人群进行独立的咨询和补偿。同时还需要确保生计重建和不拖累这些人群生活质量的相关机制。

项目同时触发了国家的法律法规和世界银行关于移民的政策。中国的法律要求移民作为一个不断发展的过程,在这个过程中受项目影响人群能在他们的生计恢复和社会发展计划上有发言权。项目实施单位和地方当局还应准备影响评价报告和移民安置计划。

世界银行 OP4.12 非自愿移民同样适用于项目。政策要求相关的移民工具的应用基于社会经济调查、移民影响评价、咨询受影响人群并准备移民安置计划。

江苏省境内的项目有两个移民群体,一个在徐州(于 2013 年完成),另一个在泰东河。泰东河是淮河的支流,也是这个案例研究的目标。后者必须完成以下工作:

280 公顷土地的永久恢复

项目建设占用 320 公顷的临时占地的恢复

拆迁 782 户和 67 家企业的安置

拆迁影响的家庭通常重新安置在自己的村庄并建立同样大小和类型标准的房子。这些新房子有水和电力供应、有道路连接,还拥有其他的社会服务。

在项目可行性研究阶段,物质文化遗产的保护并没有被当成一个问题来考虑。

随着在建设期考古遗址的发掘,根据 OP/BP4.11 进行了一个深入的评价。

F.7 项目亮点

F.7.1 将大的原则和通用的规范变成具体的行动

考虑到项目范围(涉及四个省)和潜在问题的复杂性,最大的挑战是如何将在 2007 年的评价报告中消减和管理方面的大的原则和通用的规范转化成具体的行动计划。通过聚焦环境社会影响评价中的关键问题和对触发的世行政策给予关注完成了这项挑战。通过项目办的响应这些问题被很好地接受了,项目办对由于现场管理、河道疏浚、文化遗产保护、土地征用和移民引起的问题非常敏锐,一旦发现问题就立即提出解决措施,在项目周期的每一个阶段,相关团队都会寻找机会解决相关问题,例如:

采购和招投标阶段,将环境和社会安保政策的规范要求写进招标文件

针对不同类型的工程提出详细的和适用于特定现场的环境措施(见图 F-2)

将环境和社会安保政策的要求纳入合同

针对承包商以绩效为基础的支付制度

拥有监测、检查、持续改进机制的监测和评估系统

增加承包商和建设场地工人的感受

由文件和操作指南支持的培训和能力建设

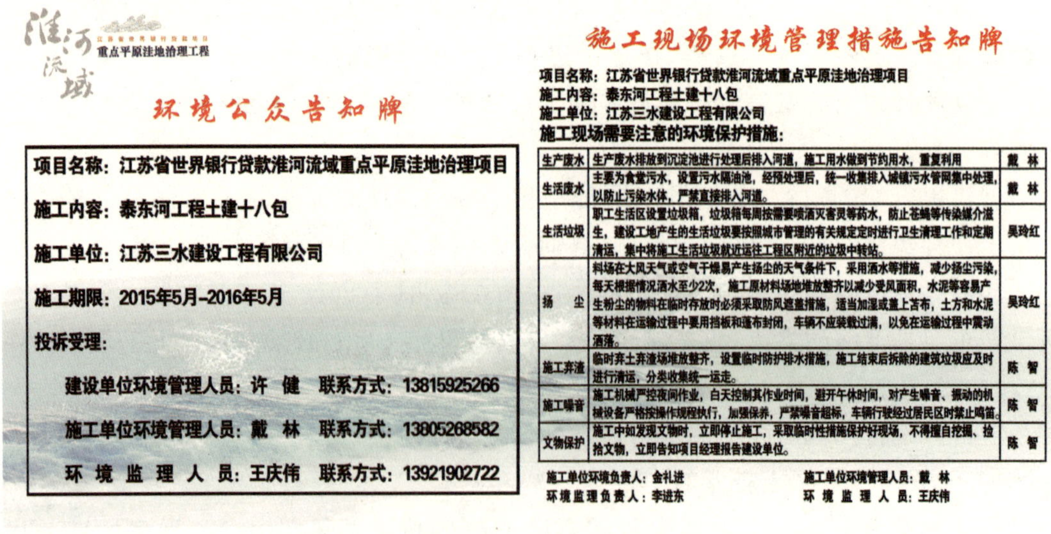

图 F-2 现场特定的环境保护措施

图 F-3 项目团队和设计院共同设计的河岸绿化

以上的措施均是由项目办中的部门来促成的,在项目建设和实施期间,赋予了各级项目办清晰的责任和环境实施标准。此外,每一个项目主体要不在团队中有一个环境专家,要不就专门为环境实施的监测、检查、协调和管理聘用了专家。所有的这些均按照环境管理计划来实施,从而获得更好的执行。项目办还建议项目主体与不同方面的设计机构进行紧密合作,通过定期的每月例会和定期检查现场环境报告、监理日记、记录和定期的实地检查和调查来进行项目监测。

F.7.2 在取得广泛的当地支持的同时拥有顶级水平的承诺

消减计划和措施的执行是劳动和资源密集的,但是同时得到所有必要人事部门和人力资源支持的江苏省政府的强力保障。这个保障从省级到当地政府,从政府部门到项目办,从管理者到承包商。管理者到承包商的过程包括采购、基于合同和以绩效为基础的支付和回报方案。人民的福利放在首位的原则指导,每当问题出现时,项目团队都会抓住机会去提供完成移民安置计划采取的双赢的解决方案。

地方政府和项目办的良好心愿是受到被影响社区的大力支持,就像以下证明的一样:①及时并顺利地为项目实施工程和临时建设腾出土地;②通过项目办和当地人民的对话来优化和调整项目涉及以便最小化环境影响和最大化公众效益。

所有这些措施的关键是在项目团队和受影响群体间建立一个良好的关系,最后达到改善生活环境和社会效益(详见 Box A)。

Box A：当地社区建设场地的管理和重建

任何大型基础设施建设项目的施工活动都会不可避免地对附近的居民带来不便和环境与社会影响。本项目采取了一个具有多种要素的方法来最小化这些影响,这种方法与受影响当地群众的咨询后取得相关支持。这些以临近泰东河读书址大桥附近的小村庄来说明。

最值得关注的措施是告知相关公众项目细节、现场环境管理的环保措施和人员职责。这样确保了施工场地的承包商和工人的敏感性,增加了他们的责任。此外,项目团队将受影响群体参与到项目细节和设计的调整中,比如临时施工场地的布局、施工运输道路、噪声大的水泵的位置,以上所有的这些都是为了将不利影响最小化。

在工程实施的尾声,项目团队将施工场地恢复整洁和干净,同时对受影响社区采取一些改良措施。在这个特别的社区,改良措施包括:①可供行人和小型农用车使用的混凝土铺装道路;②树木和草坪结合的绿化措施;③幸福感和便利性提升。

图 F-4　临近村庄的道路建设

图 F-5　施工后的绿化

图 F-6　施工材料运输道路在施工后转变成绿化的道路

F.7.3　有原则的、实用的、灵活的方法去处理突发情况

对于这种规模的项目来说,没有评价或者计划能预期所有可能的情形。比如,项目偶然遇到了一些考古发现,这些考古遗址之后被证明是中国考古史上十个最伟大的发现之一,这个发现象征着"良渚文明",填充了中国历史上的一个重大的鸿沟(详见 Box B)。在许多情况下,这样的发现会在项目当局和遗产资源保护论者之间制造冲突,进而导致项目的延迟或考古发现的破坏。在这个项目中,这些问题最终由一个迅速的勘测调查来开始,并且由项目本身为这些调查配置了一定的经费。紧接着通知了相关国家当局并获得了 1 000 万人民币来进行彻底和系统的挖掘、深入的研究和抢救遗址的计划。

Box B:在项目实施过程中管理重大的考古发现

淮河流域被认为是中国文明的摇篮。河岸加强的一些土建工程发掘了一些考古遗址,从而导致了系统的挖掘和重大考古发现。这就是所谓的"良渚文化",近年来一个重要的发现。

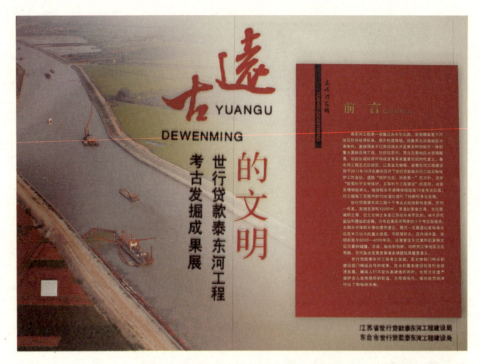

图 F-7 项目研究发现的良渚文化

图 F-8 考古发掘

所有的这些措施不仅仅有助于保护物质文化资源，同时也丰富了江苏北部的文化遗产。在江苏北部，对当地的社区来说传统和文化是有价值的。项目团队采取了重要的步骤配合相关当局，立即就近改善河道，建设一个博物馆和一个展示考古遗址的考古公园。当项目完成的时候，考古公园作为项目的一部分将竞选美景的申报，并且中国当局、世界银行、江苏省政府和项目团队考虑申报文化、传统、有价值的文化遗产,尽管付出了额外的努力和资源。

这个保护是由项目团队的明智、各种水平政府的保证、当地社区的支持,尤其是世界银行保护文化遗产的政策来促成的。所有关心的群体之间乐于合作的意愿也有助于这一切的发生。

F.7.4 严格的监测、评估、审查和能力建设

任何项目的环境表现很大程度上取决于它的执行情况。它需要一个精心设计的环境管理计划、严格的监控、定期评价和反馈机制,辅以为项目团队和当地的承包商定制的培训和能力建设计划。这些都是这个项目的一部分。

施工期和运营期的环境监测计划在环境影响评价阶段和报告中就设计好了,以后成为环境管理计划的一部分。环境监测计划涵盖大气、水质、噪声、污水、底泥和土壤侵蚀等;包括指定的参数、频率、时间、地点、执行机构和估算的费用。一些细节被包括在了采购和招标文件中。

这个项目中一个好的做法是监测和大量的淤泥的处理,尤其考虑了河流通航的重要性。对于施工期挖出的河道底泥采取的措施是设计一个沉淀池以加强沉积效果,然后将清水排到小河,同时监测水质,然后再排放主河流中,这样就不会对河流的水质造成负面的影响。

为了促进环境依法建设,项目办在项目建设点安装了环境在线监测系统,以提供即时环境数据,这个系统有以下几个重要的功能:

(1) 引起承包商和他的员工的注意;

(2) 快速识别现场情况并采取补救措施(如用塑料布盖住外露土层,以减小扬尘);

(3) 设立电话热线便于监测中心与现场人员直接沟通;

(4) 全天 24 小时监测以防小问题发展成大问题;

(5) 任何情况下的责任识别。

监测计划也应指定报告和反应程序,以确保针对监测结果及时采取恰当的措施。专业的监测机构和使用的标准方法也要合同约定,来监测 EMP 中规定的项目。

在这个项目中,环保的合法性也被以下措施加强:

(1) 和当地居民保持经常性的沟通;

(2) 核查清单的颁布和当地项目职员和工人的措施;

(3) 定期培训承包商和工人以确保措施/计划严格且有效的执行,EMP 规定,有不同的培训计划,针对专业人员、管理和技术人员、承包商和监理人员,针对承包商和监理人员的强制的环境培训应在施工开始前进行。

F.7.5　精心设计、完美组织及执行良好的安置计划

这个项目的成功归根于一个深思熟虑的安置计划及配置了尽责和能干的工作人员。这些有助于防止误解，潜在的冲突和项目延迟。江苏项目办专门成立了移民安置办公室，仔细考虑了在早期的社会评估时识别出的所有潜在的社会问题，并在河海大学专家的建议下进行了一项社会经济调查。河海大学以社会评估、移民安置和土地征用方面的经验而著称。

了解了当地的不满和潜在的冲突的主要来源就是来自土地征用，补偿和安置后，采取了以下措施：

（1）通过社会评估、社会经济调查和广泛的咨询识别社会问题和影响；

（2）制订一个初始安置方案和计划；

（3）通过公共媒体、张贴海报、传单、村庄会议发布信息；

（4）就赔偿和生计恢复计划和项目影响人群进行接洽；

（5）就移民安置计划中如何确定影响大小、补偿率、新的安置地点及恢复生计的措施进行多次的双向交流。

作为一个案例，姜堰市移民安置公众参与的细节见 Box C。

Box C：江苏省姜堰市移民安置公众咨询与参与

泰东河沿岸 20.15 公里范围的安置项目共涉及 3 个乡镇 14 个村庄，其中 104 公顷的土地被征用，414 农户因房屋拆迁被重新安置。此外，38 个企业和商店以及一些其他基础设施，如桥梁和泵站都受到结构性破坏的影响。

移民安置的准备是从当地的媒体电视和报纸广泛的发布信息开始的。400 份移民信息手册被发到了沿河两岸的村庄中，由 150 个移民从业者和社会专家组成的 30 个县（乡）工作组参观了所有的 14 个村庄和 38 个企业/商店，进行了 2 000 多次的村庄/小组会议和家庭访谈讨论移民安置影响，可能的减缓措施，新的安置点、补偿协议和恢复方案。对受影响的个人进行了一个多月的实地调查和总结，在此基础上，所有涉及的家庭和村庄都签订了安置和补偿协议。通过这次密集的实地调查，在受影响人群参与的基础上完成了项目的移民安置计划。这也证明了深入地咨询受影响的人群并保证他们的参与才能保证移民计划实施的质量。

各级项目团队敏锐意识到土地征用和补偿问题的复杂性和敏感性，采取了以下措施：

（1）相关政府部门援助拨款预算用于补偿；

（2）根据土地法和国务院法令 174 条/2006 确定了补偿率，补偿金额是土地平均

产量价值的 16 倍；

（3）考虑了受影响的人群的要求和社会经济调查后将补偿率向上调整了 30%；

（4）搬迁前支付补偿；

（5）讨论了家庭和村庄补偿的分配，一致同意 70%给家庭，30%给社区公共产品和服务；

（6）将补偿的一部分存在银行，获得 1 100 元/亩地的收益，该收益高于农业收入。

F.7.6 生活改善措施

另外，为了安居者的便利，采取了许多措施改善当地的基础设施，包括公路、桥梁、绿化设施和当地的设施。

结果，受影响人群的生活条件不仅恢复而且获得了改善。他们的新生活条件包括显著改善的房屋，更好的交通，更多的工作机会，在农村或附近的城镇。

移民安置计划的实施和结果要受到外部监测机构的监督，其监测报告定期被世行监督团审核。表 F-1 列出了受影响人群安置前后经济收入的对比，表 F-2 显示了受影响人群的满意度是较高的（见图 F-9）。

表 F-1 江苏泰东河项目受影响人群安置前后收入比较

（家庭生活收入的样品调查统计）

收入类别	2012 年 收入	2012 年 比例	2015 年 收入	2015 年 比例	变化 2012—2015
平均每人/年	15 715 元		17 082 元		8.7%
农业收入	1 531 元	10%	1 410 元	8%	−7.9%
副业收入	2 848 元	18%	3 075 元	18%	8.0%
企业雇佣	3 743 元	24%	4 110 元	24%	9.8%
打工	6 094 元	39%	6 917 元	40%	13.5%
其他	1 499 元	10%	1 570 元	9%	4.7%

表 F-2 受影响人群关于安置结果的满意度统计

问题类别 反应	土地征用和搬迁的过程 满意	基本满意	不满意	安置结果 满意	基本满意	不满意	安置后的生活水平 满意	基本满意	不满意
家庭（170）	156	14	0	153	17	0	170	0	0
比例（100%）	92%	8%	0%	90%	10%	0%	100%	0%	0%

图 F-9　满意的主人在安置村的新房前

F.8　经验教训

这是一个大型复杂的工程,有着重要的潜在影响和收益。这种性质的项目在东亚太平洋地区非常普遍,特别是在低洼地,洪水泛滥区以及三角洲地区更容易受到气候变化的影响。

这个项目在许多方面都取得了不错的效果。总的来说,环境和社会表现是非常满意的,受影响的人群也是快乐的。淮河项目也为将来的项目取得了以下经验和教训:

(1) 江苏省政府:①这个项目强调了高层的承诺对于环境和社会的可持续发展并获得足够资源的支持是非常重要的;②项目强调了以人为本和采取开放和广泛的公众参与战略的重要性;③项目证明了采取结构化的等级管理的重要性,它拥有明确的责任、密切的监督、监测、定期的检查和评估以及独立的输入。

(2) 世界银行:将广泛的世行政策和原则转变成具体的行动和措施来支持项目的实施是非常重要的。

(3) 地级市(县):①这个项目显示了在遇到阻力的地方实行双赢是多么的重要;②寻求当地的支持可以改善项目设计;③积极的公众参与帮助建立公众信任和支持;④建立一个有效的系统涵盖项目的所有阶段是至关重要的。

F.9 文献

项目评估文件:中华人民共和国贷款 2 亿美元淮河流域洪水治理及排水改善项目,世行报告,编号 45347-cn,2010.5.26

http://documents.worldbank.org/curated/en/2010/05/12374261/china-huai-river-basin-flood-management-drainage-improvement-project

中国—淮河流域洪水管理、排水改善项目:环境评估:环境评估:主要报告(英语)2008

http://documents.worldbank.org/curated/en/2008/11/10231095/china-huai-river-basin-flood-management-drainage-improvement-project-environmental-assessment-vol-1-6-environmental-assessment-main-report

中国—淮河流域洪水管理、排水改善项目:移民安置计划(第 5 卷):江苏省移民安置计划(英方版),世界银行集团,2008

http://documents.worldbank.org/curated/en/2008/11/10231708/china-huai-river-basin-flood-management-drainage-improvement-project-resettlement-action-plan-vol-5-7-resettlement-action-plan-jiangsu-province

中国—淮河流域洪水管理、排水改善项目:P098078—执行情况报告:09 序列,世界银行集团,2016

http://documents.worldbank.org/curated/en/2016/04/26283885/china-huai-river-basin-flood-management-drainage-improvement-p098078-implementation-status-results-report-sequence-09

世行贷款山西燃气利用项目环境影响评价报告,世界银行集团,2013

http://documents.shihang.org/curated/zh/570691468213915542/Environmental-impact-assessment-full-report

中国东北野生动物保护景观方法项目环境影响评价报告,世界银行集团,2015

http://documents.shihang.org/curated/zh/957671468183896842/Environmental-impact-assessment-report

世行贷款农业加强灌溉项目三期环境影响评价报告,世界银行集团,2005

http://projects.shihang.org/P084742/irrigated-agriculture-intensification-loan-iii?lang=zh

桂林市环境综合治理工程项目执行情况与结果报告,世界银行集团,2015

http://documents.shihang.org/curated/zh/824541468217456764/China-Guilin-Integrated-Environment-Management-P133017-Implementation-Status-Results-

Report-Sequence-01

淮河流域重点平原洼地项目项目执行情况与结果报告,世界银行集团,2013

http://documents.shihang.org/curated/zh/445631468259496013/China-Huai-River-Basin-Flood-Management-and-Drainage-Improvement-P098078-Implementation-Status-Results-Report-Sequence-04

参考文献

[1] World Bank. Operational Manual – OP 4.01 – Environmental Assessment. 1999.
[2] World Bank. Operational Manual – OP 4.04 – Natural Habitats. 2001.
[3] World Bank. Operational Manual – OP 4.09 – Pest Management. 1998.
[4] World Bank. Operational Manual – OP 4.10 – Indigenous Peoples. 2005.
[5] World Bank. Operational Manual – OP 4.11 – Physical Cultural Resources. 2006.
[6] World Bank. Operational Manual – OP 4.12 – Involuntary Resettlement. 2001.
[7] World Bank. Operational Manual – OP 4.36 – Forestry. 2002.
[8] World Bank. Operational Manual – OP 4.37 – Safety of Dams. 2001.
[9] World Bank. Operational Manual – OP 7.50 – Projects on International Waterways. 2001.
[10] World Bank. Operational Manual – OP 7.60 – Projects in Disputed Areas. 2001.
[11] World Bank. World Bank Environmental and Social Framework：Setting Environmental and Social Standards for Investment Project Financing [Z]. 2016(7).
[12] 范凯.世行贷款项目环评与我国环评的区别[J].矿业工程,2004(3).
[13] 桂林市环境综合治理工程项目执行情况与结果报告.世界银行集团,2015.
[14] 淮河流域重点平原洼地项目项目执行情况与结果报告.世界银行集团,2013.
[15] 南昌市轨道交通二号线工程环境影响评价报告.世界银行集团,2013.
[16] 邱明煊,李秀鸿.世行贷款项目环境管理[J].环境保护科学,2000(S1).
[17] 世行贷款农业加强灌溉项目三期环境影响评价报告.世界银行集团,2005.
[18] 世行贷款山西燃气利用项目环境影响评价报告.世界银行集团,2013.
[19] 中国东北野生动物保护景观方法项目环境影响评价报告.世界银行集团,2015.
[20] 中国—淮河流域洪水管理、排水改善项目.世界银行集团,2016.
[21] 中华人民共和国贷款2亿美元淮河流域洪水治理及排水改善项目.世行报告,2010.

后　　记

　　本丛书由江苏省世行贷款淮河流域重点平原洼地治理项目管理办公室和北京海立信信息咨询有限公司联合组织撰写。

　　由于本丛书的内容涉及世界银行贷款项目管理过程中的采购、财务、工程、环境、社会、监测评价等各个方面，为了保证丛书的专业性和实用性，参与撰写人员都是常年从事世界银行项目管理和咨询服务工作的管理人员和专家，丛书风格偏重于实际操作，书中包含了大量的案例分析、报告模板和经验总结。

　　本丛书的撰写工作从 2015 年 5 月开始，其间经过了多次的研讨，反复修改，几易其稿，最终于 2017 年 3 月完稿，历时近两年时间。在本丛书的编写过程中，恰逢世界银行开始了多项新的改革，特别是世界银行在 2016 年先后颁布了新的《采购框架》和《环境与社会框架》，是世界银行成立以来对相关政策的最大一次修改。为了保证本丛书的实效性，编写委员会专门组织专家对世界银行新的政策进行研究和解读，在书中对新政策也进行了详细的介绍，并对新旧政策进行了大量对比，希望能够有助于读者对世界银行新政策的了解。

　　本书由王蔚、何勇、潘良君领衔撰写，参与撰写人员包括王蔚、何勇、潘良君、王海涛、何继业、邢泳、李昀轩、韦姝、董晓军、陈昕、罗枫、吴烈、茹进勇等，在此对所有参与撰写人员的辛勤付出表示由衷的感谢！

　　本书在撰写过程中，得到了江苏省水利厅和东南大学出版社的领导的大力支持，世界银行的相关专家也提出了许多宝贵的建议，特别感谢本书责任编辑孙松茜老师付出的辛勤细致的努力。本书在撰写过程中还参阅了大量的国内外著作和文献，吸收了很多学者的研究成果，限于篇幅等原因，书中未能一一列出，谨表深深的歉意和敬意。同时，由于编者水平有限，书中存在的不足之处，恳请同行和读者批评指正。